自己紹介
からはじめて
どんどん仲良くなるための
英会話表現集

曽根田憲三
Kenzo Soneda

ベレ出版

はじめに

自己紹介は良好な人間関係を築く上で極めて重要な役割を果たしています。入学、進学、留学、就職、転職、転勤といった人生の重要な節目はもちろん、日々の出会いにおいても頻繁に繰り返される自己紹介で、私たちは自身に関する基本的な情報や背景をたえず伝えているのです。もし、そうした自己紹介がなければ、相手に関する十分な情報を得ることができず、信頼関係の構築はおろか、友情へと発展する機会さえも大いに制限されることでしょう。すなわち、自己紹介は私たちが相手に最初の印象を与える重要な機会であり、その良し悪しによって、相手への印象は大きく左右されてしまうのです。

凡庸な自己紹介は人の心を動かすことができませんが、印象的な自己紹介はその後のコミュニケーションや人間関係の有様に大きな影響を与えるはずです。自分を的確に伝えることで、人はあなたをより理解し、あなたとの良好な関係を築くことができるのです。名前をはじめ、バックグランド、専門分野、スキル、経験などに関する情報を伝えたり、興味や趣味、あるいは将来の目標やモットー、価値観、夢などを語ったりすることで、私たちはそれぞれが持っている個性や特徴を示すことができ、やがては共通の話題から友情や信頼関係へと発展し、多種多様な活動へとつながっていくわけです。いわば、自己紹介は単なるお決まりの儀礼ではなく、相手に対するリスペクトであり、自分のアイデンティティーを表現するための大切な機会、コミュニケーションを円滑に、そして豊かにするための効果的な手段ということです。

では、コミュニケーションの基盤を築き、友好な人間関係を構築する上で大切な自己紹介はどうあるべきなのでしょう。相手に好印象を与える上手な自己紹介を行うにはどんなことに注意したら良いのでしょうか。それは、どのような場で行われる自己紹介かによって異なりますが、いずれにしろ、その場において求められている自身に関する必要な事柄を、曖昧、複雑な表現を避け、簡潔明瞭にシンプルな表現で伝えることです。コミュニケーションを進める助けとなる共通の興味や、自分のユニークで興味深い側面、強みや独自性を的確に話すことが肝要です。弱点や失敗など、ネガティブな印象を与える話題に執着したり強調したりすることは、相手に誤解を与えかねず、不快感を抱かせる結果に至ってしまうかも知れません。また、その場の状況に応じた言葉選びと親しみやすいボディランゲージを意識することも極めて大切でしょう。カジュアルな環境ではフレンドリーな表現を、プロフェッショナルな環境ではフォーマルな表現を心がけ、友好的な雰囲気を醸し出す笑顔や適切なジェスチャーなどを活用することで、あなたに対する好感度はきっとアップするはずです。

最後に、言語がコミュニケーションの最も有効な手段である限り、どの言語を学ぶにせよ、言語学習における「自己紹介」は基本中の基本であり、決して欠かすことのできない重要な活動です。自己紹介を繰り返し練習することで、基本的な文法、表現、発音など様々な言語要素を実際のコンテキストで学ぶことが可能となり、実践的な学習を進めることで、自然な言語の習得や文化理解が可能になると断言できるでしょう。

本書では自己紹介に必要な多くの項目を取り上げ、それらに必要不可欠な表現を執筆するとともに、自己紹介を受けての豊富な質問表現を加えています。さらには、豊かで実践的な学習ができるよう、用例を組み合わせて作成した自己紹介の実例や現実的な対話も収めています。もちろん、表現をより深く理解するための詳細な文法事項、曖昧で誤解しやすい語句、表現の意味やニュアンスなど、的確でわかりやすい解説への取り組みも忘れてはいません。英語の自宅学習はもちろんのこと、授業、留学、海外での語学研修や旅行、外国人との出会い、あるいは就職面接などで存分に活用して頂ければ幸いです。皆さんの成功を心から願っています。

曽根田憲三

ダウンロード音声のご案内
【スマートフォン・タブレットからのダウンロード】

mikan　mikan アプリでの音声ご利用方法

1. 下記の QR コードまたは URL より、アプリをダウンロード

   https://app.mikan.link/beret

1. アプリを開き、教材一覧を開いて検索バーをタップ
2. 書籍名を入力して検索
3. 音声ボタン（♫）より、再生

バックグラウンド再生や、音声の速度変更も可能！

mikan アプリについて

英単語や熟語、フレーズの基礎学習から、リスニング・リーディングなどの実践対策まで、発音を聞きながら楽しく、効率的に英語を学べる大人気アプリ。
アプリ内学習以外にも、書籍付属の音声再生機能や、電子書籍リーダー機能を搭載。※書籍ごとに使える機能は異なります。

【パソコンからのダウンロード】

① 小社サイト内、『自己紹介からはじめてどんどん仲良くなるための英会話表現集』のページへ。「音声ファイル」の「ダウンロード」ボタンをクリック。

② 8 ケタのコード g9TBrv59 を入力してダウンロード。

*ダウンロードされた音声はMP3 形式となります。zip ファイルで圧縮された状態となっておりますので、解凍してからお使いください。
* zip ファイルの解凍方法、MP3 携帯プレイヤーへのファイル転送方法、パソコン、ソフトなどの操作方法については小社での対応はできかねますこと、ご理解ください。

*以上のサービスは予告なく終了する場合がございます。
*音声の権利・利用については、小社サイト内［よくある質問］にてご確認ください。

私たちは進学、就職はもちろんのこと、カジュアルなイベントや会合、海外旅行、留学などで、多種多様な人たちとの新たな出会いを繰り返します。その際、コミュニケーションや人間関係を円滑に進めるために挨拶、名前、出身地、趣味、価値観など自分を伝える自己紹介は欠かせません。しかも、自己紹介がスムーズにできることで、後に続く会話や交流がより円滑に進む可能性が高まるでしょう。なぜなら、自分を自分の言葉で伝えることはコミュニケーションを築く重要な基本的要素だからです。

幅広い様々な話題が含まれた自己紹介の表現を学ぶことは、語学学習の上で必要不可欠な表現方法を学ぶことであり、他の状況でも応用できる言語スキルを向上させる絶好の機会を手にすることでもあります。

そこで、まずは自己紹介の最初を飾る挨拶の定番フレーズから始めてみましょう。

01 挨拶

時間帯による挨拶

🔊 1_001

Good morning.
おはようございます。

Good afternoon.
こんにちは。

Good evening.
こんばんは。

幅広い時間帯に使える挨拶

🔊 1_002

Hi.
こんにちは。

Hi there.
こんにちは。

Hi, everyone.
みなさん、こんにちは。

Hello.
こんにちは。

Good day.
こんにちは。

Greetings!
ご挨拶申し上げます。

コメント

Hi のくだけた表現は Hey。Hi は身内、友人、仲間内で用いられる挨拶で、Hello のカジュアルな言い方。Good day は、日中に出会ったときの挨拶だけでなく、別れの挨拶「さようなら」としても使われます。なお、この表現は少々形式ばった挨拶で、今では少し古風な感じ。Greetings は手紙などでの挨拶「こんにちは」を意味することから、Hello の改まった挨拶の言葉として使われています。この他、家族や同僚、仲の良い相手に対して Hi と同様の意で使われるくだけた挨拶 Hey, guys、それと同じ意味でより大勢の人を相手に使われる Hey, folks があります。

02 自己紹介する

場面や状況により自分で自分を紹介するための表現が必要な場合がありますが、その際には次の表現が定番で、いずれも丁寧で好印象を与えるものです。

I_003

I'd like to introduce myself.
自己紹介したいと思います。

I'd love to introduce myself.
自己紹介したいと思います。

Let me introduce myself.
自己紹介させてください。

Let me tell you a bit about myself.
私のことを少し話させてください。

Allow me to introduce myself.
自己紹介させてください。

Allow me to present myself.
自己紹介させてください。

May I introduce myself?
自己紹介してよろしいですか？

コメント

I will introduce myself. という表現も可能ですが、一般的にはより丁寧な Let me introduce myself. が使われます。また Allow me to ~ は自分から「～させてください」という意味の表現で、Let me ~ より丁寧な表現です。

ちなみに、相手の人に自己紹介をお願いするときの定番表現は以下の通りです。

03 自己紹介を促す表現

I_004

Please introduce yourself.
自己紹介をお願いします。

Please tell me something about yourself.
あなたに関して何か話してください。

Can you tell me about yourself please?
あなたのことを話してもらえますか？

Could you tell me a little about yourself?
あなたのことを少し話していただけますか？

Would you introduce yourself?
自己紹介をしてもらえますか？

コメント

Could you~？と Would you~？はともに Can you~？や Will you~？より丁寧な依頼を表す表現です。Could you~？の could は可能性を表し、「できる」を意味する can の過去形であることから Could you~？で、物理的に実行可能かどうかを尋ねる丁寧な表現です。一方、Would you~？は未来や意思を表す will の過去形であることから、Would you~？として「～してくれる意思がありますか」と尋ねる丁寧な表現のため、どちらかというと Would you~？をお勧めします。

04 人を紹介する際の表現

友人や知人を紹介することはよくありますが、その際の定番表現を挙げてみます。なお、日本語については字義通りの訳を載せましたが、いずれも「～さんを紹介します」という意味です。

🔈 I_005

Here's Mr. Tanaka.
田中さんです。

This is Ms. Suzuki.
こちらは鈴木さんです。
☞ Ms. は女性に対する敬称で、既婚、未婚は問わない

Say hello to Mr. Nakamura.
中村さんにこんにちはと言って。
☞ 友人を紹介する際の極めてカジュアルな表現で hello は hi ともする

Meet my friend, Ms. Yoshida.
友人の吉田さんに会ってください。

Have you met Mr. Okamoto?
岡本さんに会ったことはありますか？

I want you to meet Ms. Yamada.
山田さんに会ってください。

I would like you to meet Mr. Kimura.
木村さんに会ってください。

Let me introduce you to Ms. Honda.
本田さんを紹介させてください。☞「こちらは本田さんです」といった感じの表現

次はフォーマルな場面で人を丁寧に紹介する際の表現です。

May I introduce you to Ms. Chiba?
千葉さんを紹介いたします。

Allow me to present Mr. Toyota.
豊田氏を紹介させてください。

I am pleased to introduce my colleague, Mr. Takada.
私の同僚、高田氏をご紹介いたします。

なお、紹介された人は紹介者に対して感謝の気持ちを表す一言を忘れないようにしましょう。

I appreciate the introduction, Mr. A.
A さん、紹介ありがとう。

Thank you for the introduction, Mr. A.
A さん、紹介していただいてありがとう。

Thank you for introducing me to ~, Mr. A.
A さん、～さんを紹介していただいてありがとう。

自己紹介の挨拶の後、何を口にするかはその場や状況により若干異なりますが、いずれにしても遅かれ早かれ自分の名前を伝えることは外せません。

05 名前を伝える表現

日本語の場合と異なり、英語で名前を伝える際は Abraham Lincoln や Tom Cruise といった具合に「名＋苗字」の順になります。

I_006

I'm Ken Suzuki.
私は鈴木健です。

My name is Ken Suzuki.
私の名前は鈴木健です。

コメント

「My name is ＋名前」は初対面の時や授業、面接、大勢の人前などフォーマル状況で良く使われる表現で、「I'm ＋名前」は Hi, I'm Ken Suzuki. Nice to meet you.（やあ、ボク鈴木健です。会えて嬉しいよ）といった具合に、パーティーとかサークルなどで一般的に良く使われます。

06 名前の意味を伝える

姓にはその家族の文化や起源に関する情報が含まれていることがあるため、その意味を伝えることで、話し手の背景やルーツに興味を持ってもらえることがあります。特に異なる文化や国籍の人との交流に際しては、姓の背景にある意味や由来に対して興味を示すことが多々あります。

🔊 I_007

My name is Kawakami.
私の名前は川上です。

"Kawa" means "river" and "kami" means "up."
kawa は「川」を、kami は「上」を意味しています。

My ancestors may have lived upriver.
私の祖先は川の上流の住人だったのかも知れません。

My family name is Kinoshita.
私の姓は木下です。

Kinoshita means "under the tree."
木下は「木の下」という意味です。

My ancestors may have been residents under a large tree that could be used as a landmark.
私の祖先は目印となる大木の下の住人だったのかも知れません。
☞landmark「(場所を特定するのに役立つ) 目印」

I'm Tokugawa.
私は徳川です。

Tokugawa is the same name as the Tokugawa family, who were *shoguns* during the *Edo* period.
徳川は江戸時代の将軍だった徳川家と同じ名前です。

My ancestors may have been members of the Tokugawa family, who were *shoguns* during the *Edo* period.
私の祖先は江戸時代の将軍、徳川家の一員だったのかも知れません。

---

07 相手の名前を知りたい場合

自己紹介の際には名前を名乗ってくれるため何の問題もありませんが、よく顔を合わせていたり、言葉を交わしているけど名前を知らないといった時などに、名前を尋ねる表現です。

I_008

What's your name?
名前はなんですか？

Can I ask your name? = Can I ask for your name?
名前を聞いてもいい？　☞ask for ~ のほうがややフォーマル

May I ask for your name? = May I ask your name?
お名前を伺ってもよろしいですか？

May I have your name?
お名前をいただけますか？

Could you tell me your name?
名前をおっしゃっていただけますか？

コメント

What's your name ? はストレートな表現なので、相手に失礼かなと思った場合は Can I ask your name ? です。Can I ~ ? は友人、職場の同僚など距離が近い間柄で使われる表現。それに対して May I ~ ? は許可を求める表現なので、初対面の人とか目上の人などに対して May I ask your name ? とします。

08 相手の名前を聞き返す場合

🔊 I_009

Excuse me, could you repeat your name?
すみません、お名前を繰り返していただけますか？

I'm sorry, but I didn't catch your name. Could you repeat it?
ごめんなさい、お名前が聞き取れませんでした。繰り返していただけますか？

09 相手の名前を忘れた場合

🔊 I_010

What did you say your name was?
お名前はなんでしたっけ？

I'm sorry, could you remind me of your name?
すみません、お名前を思い出させていただけます？

I'm sorry I've forgotten your name. Could you remind me?
ごめんなさい、お名前を忘れてしまいました。思い出させていただけますか？

I'm sorry I can't recall your name. Could you refresh my memory?
ごめんなさい、お名前が思い出せません。思い出させていただけますか？
☞refresh（記憶を）よみがえらせる、新たにする

Excuse me, but I didn't catch your name. Could you repeat it?
すみませんが、お名前が聞き取れなかったので、もう一度おっしゃっていただけますか？

I'm sorry, but I don't recall your name. Could you tell me again?
失礼ですが、お名前が思い出せないので、もう一度教えていただけます？

I apologize, but I seem to have forgotten your name. Could you kindly let me know?
申し訳ありませんが、お名前を失念してしまったようです。お教えいただけますか？

Forgive me, but I can't remember your name. Can you help me out?
ごめんなさい、お名前を思い出せません。手伝っていただけますか？
☞help someone out「人を手助けする」

コメント

~remind A of B は This song reminds me of my student days.（この歌は私に学生時代を思い出させる）のように「～は A に B を思い出させる」を意味する表現。recall は「思い出す」の意。なお Excuse me, Pardon me、I'm sorry、I apologize はいずれも謝罪の際に使われる定番表現。excuse がちょっとしたミスなどに対して怒らず「許す」、pardon が人や失礼な行いを「許す」を表すことから、Excuse me、Pardon me ともに相手の言ったことがわからなかったり、聞き取れなかったりしたとき、また相手に失礼なことを言わなければならない場合や失礼なことをしてしまった際などに「失礼ですが、すみませんが、ごめんなさい」といった意味で使われます。なお、両者を比較した場合、Pardon me のほうがよりフォーマルな表現です。

また、I'm sorry も I apologize も「申し訳ありません、ごめんなさい、すみません」を表わして使われますが、I'm sorry はカジュアルな謝罪で、I apologize は自分がしたことに対して非を認めて謝る際に使われる改まった謝罪の表現です。

10 あだ名を伝える

自己紹介や初対面の挨拶のときに相手に親近感を抱いてもらうため、あるいは自分の名前が発音しにくいなどの理由からファーストネームやニックネームで呼んでもらいたいといった場合には次のような表現が使われます。

あだ名で呼んで

🔊 I_011

あだ名はカジュアルな雰囲気を醸し出すことができます。相手にあだ名を使ってくれと頼むことで、コミュニケーションをより気軽でリラックスしたものにすることができるかもしれません。また、相手が名前を覚えやすくなるという効果も期待できるでしょう。

I have a nickname I go by. Would you mind using it?
私には呼ばれているあだ名があります。それを使っていただけますか？

I prefer to be called by my nickname. Is that okay with you?
私をニックネームで呼んでほしいです。大丈夫ですか？

I would love it if you could call me by my nickname.
私のあだ名で呼んでもらえるととても嬉しいです。
☞I would love it if ～「～していただけたら嬉しいです」

Please call me Hana.
私をハナと呼んでください。

You can call me Hana.
私をハナと呼んでね。

My name is Hanako, but my friends call me Hana.
私の名前は花子ですが、友人たちは私のことをハナと呼びます。

My nickname is Hana.
私のニックネームはハナです。

I go by Hana.
私はハナと呼ばれています。

---

11 あだ名の由来

🔊 I_012

My nickname, Hana, is a shortened form of Hanako.
私のあだ名、ハナ、は花子の短縮形です。

My nickname, Yuri, is because I have a passion for lilies.
私のあだ名、ユリは、私がユリが大好きだからです。

I am called Tom because I look like Tom Cruise.
私はトム・クルーズに似ているのでトムと呼ばれています。

I am called Ringo-*chan* because of my red cheeks.
私は頬が赤いことからリンゴちゃんと呼ばれています。

I am so good at math that everyone in my class calls me Einstein.
私は数学がとても得意なことからクラスの皆は私をアインシュタインと呼びます。

I don't know how I acquired that nickname.
＝ I don't know how I came to be called that; I don't know where that came from.
どうしてそう呼ばれるようになったのかわかりません。

I have been called that without my knowledge.
私は知らないうちにそう呼ばれるようになりました。

I don't know the origin of my nickname.
私は自分のあだ名の由来を知りません。

I like my nickname.
私は自分のあだ名が気に入っています。☞ like ＝ am fond of → don't like「嫌い」

12 あだ名で呼んでも

相手との距離感をなくし、その場をカジュアルな雰囲気にしたいといった場合にあだ名で相手を呼ぶことはよくあることです。

🔊 I_013

Do you have a nickname?
ニックネームはありますか。

Can I call you by your nickname?
ニックネームで呼んでもいい？

Can I call you by your first name?
ファーストネームで呼んでもいい？

Is it OK if I call you Ichi?
イチと呼んでもいい？

Would you mind if I called you by your nickname?
あなたをニックネームで呼んでもかまいませんか？

間接的な表現として次のようなものが使われます。

What do you go by?
何て呼ばれているの？

What do people usually call you?
人はたいていあなたのことをどう呼んでいます？

What do you prefer to be called?
どう呼ばれたいですか？

丁寧な表現を使うと次の通りです。

Do you mind if I call you Hana?
ハナと呼んでもかまいませんか？

Would you mind if I call you Hana?
ハナと呼んでもよろしいですか？

コメント

call someone by A は Call me by my first name.（私をファーストネームで呼んで）のように「人を A で呼ぶ」の意味。go by は I go by Hana.（ハナと呼ばれているの）のように「〜と呼ばれている、〜で通っている」の意。prefer to be called A は I prefer to be called Ichi.（イチと呼ばれるほうがいいな）といった具合に「A と呼ばれるほうがいい」ということ。また、Do you mind if~？と、それより丁寧な言い回しの Would you mind if~？はともに相手に許可を求めたり、お願いする際のフレーズで、「〜してもかまいませんか」ということです。ここでの mind は「かまう、気にする」という意味なので「気にする、嫌です」という場合は Yes で、

「気にしない、いいですよ」というときにはNoで答えます。ちなみに、Do you mind if~？の後の動詞は現在形で、Would you mind if~？は仮定法なので厳密には過去形ですが、日常的には現在形、過去形のどちらも区別なく使われています。

13 名前の由来を尋ねる

I_014

What is the origin of your name?
あなたの名前の由来は何ですか？

What does your name mean?
あなたの名前は何を意味していますか？

I'm curious about the meaning of your name. Can you share it with me?
あなたの名前の意味に興味があります。それを私に教えてくれますか？
☞be curious about~「～に興味がある」
☞share A with B「AをBと共有する、AをBに伝える、話す」

Is there any interesting story behind the name?
その名前の背景に何か面白い話はありますか？

Could you tell me the story behind your name?
あなたの名前の背景にあるお話を聞かせていただけますか？

Is there a special reason why you were given that name?
その名前をもらった特別な理由はありますか？

I find your name interesting. How did you come to have it?
あなたの名前は面白いと思います。どうしてその名前になったのですか？

名前の語句

名 / 名前　name
姓　family name/ last name/ surname
中間名　middle name
個人名　first name/ personal name/ given name
姓名 / 氏名 / フルネーム　first and last name/ full name
洗礼名　Christian name（キリスト教徒が洗礼を受けるときにつけられる名前）
あだ名 / ニックネーム / 愛称　nickname/ diminutive
別名 / あだ名　byname
（既婚女性の）旧姓　maiden name
出生時の名前　birth name
ペンネーム　pen name/ pseudonym

14 喜びを伝える挨拶

出会ったことの喜び、感謝を相手に伝える表現です。このことはポジティブな関係を築く上でとても重要なことで、出会いの喜びを共有することにより、お互いの存在を認識し、より深い絆を築く第一歩となり得ます。

🔊 1_015

Nice to meet you.
お会いできて嬉しいです。

I'm thrilled to meet you.
お会いできて興奮しています。

I'm so glad to meet you.
お会いできてとても嬉しいです。

I'm very pleased to meet you.
お会いできてとても嬉しいです。

It's a pleasure to meet you.
お会いできて光栄です。

Pleasure to make your acquaintance.
お知り合いになれて光栄です。

I'm delighted to make your acquaintance.
お知り合いになれてとても嬉しいです。

I'm pleased to make your acquaintance.
お知り合いになれて嬉しいです。

コメント

左記の表現はいずれも「お会いできて嬉しいです」を表すもので、Nice to meet you. は定番中の定番です。ちなみに、これに応える表現は Nice to meet you, too.（こちらもお会いできて嬉しいです）と、その省略形 You, too.（こちらもです）です。Me, too. ではないので注意してください。また、It's a pleasure ~ は少し堅いフォーマルな表現で、よく耳にする Pleasure to~ はその省略形。acquaintance は「知人、知り合い、面識」の意で、to make your acquaintance は to meet you を意味するイディオムです。

応用してみよう

好きな個所、自分に適した文を選び、組み合わせてみよう。

ショートスピーチ編

1

🔊 I_016

Good morning. Nice to meet you. Allow me to introduce myself. I'm Ichiro Kinoshita. I also have a nickname that I prefer to go by — Ichiban. I'm not quite sure how I came to be called that, but I would love it if you could address me by my nickname.

おはようございます。初めまして。自己紹介をさせてください。私は木下一郎ですが、私にはまた、呼んで欲しい「一番」というあだ名があります。どうしてそう呼ばれるようになったのかはよくわかりませんが、そのあだ名で声をかけてもらえれば嬉しいです。

2

🔊 I_017

Hi, everyone. I'm glad to meet you. Let me tell you a bit about myself. My name is Mariko, but my friends call me Mari, which is a shortened form of Mariko. However, I also have another nickname: Marianne. My guess is that it might be because Mariko and Marianne have somewhat similar pronunciations. Please feel free to call me Mari or Marianne. I am fond of both nicknames. Thank you, and it's a pleasure to meet you.

【☞ feel free to~ 遠慮なく～する、自由に～する】

みなさん、こんにちは。初めまして。私のことを少し話させてください。私の名前は真理子です。でも友人たちは私のことを真理子の短縮形であるマリと呼んでいます。とはいえ、私にはまたマリアンヌという別のあだ名があるのです。その理由はマリコとマリアンヌの発音が多少似ているからかも知れません。どうぞ気楽にマリなりマリアンヌと声をかけてください。私はどちらのあだ名も気に入っています。ありがとう、どうぞよろしくお願いいたします。

会話編

1

🔊 I_018

A: Good morning. Allow me to introduce myself. I am Hanako, but you can call me Hana, because I have a passion for flowers.

B: Hi, Hana. I'm Ken. It's a pleasure to make your acquaintance.

A: Nice to meet you, too.

A: おはようございます。自己紹介させてください。私は花子ですが、ハナと呼んでね。というのも、私は花が大好きだから。

B: どうも、ハナ。僕、ケンです。君に会えて嬉しいよ。

A: 私も。どうぞよろしくね。

2

🔊 I_019

A: Please introduce yourself.

B: Of course. My name is Kenichi Suzuki.

A: Do you mind if I call you by your first name?
B: No, please feel free to call me by my first name.

A: 自己紹介してください。
B: もちろん。僕の名前は鈴木ケンイチです。
A: あなたをファーストネームで呼んでもいい？
B: ああ、遠慮なくファーストネームで呼んでよ。

3

🔊 I_020

A: Can I ask for your name?
B: My name is Tomoko.
A: What do people usually call you?
B: My friends all call me Tomo.
A: Is it Ok if I call you Tomo?
B: Sure, that's fine.

A: 名前を聞いてもいい？
B: 私の名前はトモ子。
A: 大抵みんなは君のことを何て呼んでる？
B: 友人たちはみんな私のことをトモと呼んでるわね。
A: じゃあ、僕も君をトモと呼んでもいいかな？
B: もちろん、いいわよ。

4

🔊 I_021

A: I would like you to meet my friend, Yuriko.
B: I appreciate the introduction, Taro *san*. Hi, Yuriko. I'm Ichiro.
C: I'm glad to meet you, Ichiro.
B: Nice to meet you, too.

A: 君に、僕の友人ユリコを紹介するよ。
B: 紹介ありがとう、タロウさん。こんにちは、ユリコ。僕、イチローです。
C: 会えて嬉しいです、イチロー。
B: 僕も会えて嬉しいよ。

5

🔊 I_022

A: Do you have a nickname?

B: Everyone in my class calls me Einstein.

A: I find your name interesting. How did you come to have it?

B: I don't know how I came to be called that. I have been called that without my knowledge.

A: あだ名はある？
B: クラスの皆は僕のことをアインシュタインって呼んでるよ。
A: 面白いわね、その名前。どうしてそういう名前をつけられたの？
B: なんでそう呼ばれるようになったのかわからないんだ。知らない間にそう呼ばれていたのさ。

6

🔊 I_023

A: Do you have a nickname?

B: Yes, I do. My nickname is Mari. It's an abbreviation of Mariko.

A: Can I call you by your nickname?

B: Yes, please. I like my nickname.

A: あだ名はありますか？
B: ええ、あります。私のあだ名はマリ。真理子の短縮形です。
A: 君のこと、あだ名で呼んでもいい？
B: ええ、どうぞ。私、このあだ名、気に入ってるの。

7

🔊 I_024

A: I find your nickname "Ninja" very interesting. Is there a special reason why you were given that name?

B: Because I am from the ninja village Koga, and I am a descendant of ninja.

A: So, that's the reason.

【descendant 子孫、末えい】

A: あなたのニンジャというあだ名はすごく面白いわね。その名前がつけられた特別な理由でもあるの？
B: 僕が忍者の里、甲賀出身ということと、忍者の子孫だからさ。
A: なるほど、それが理由なんだ。

8

I_025

A: Excuse me, but I didn't catch your name. Could you repeat that?
B: Of course. My last name is Kawakami.
A: What does "Kawakami" mean?
B: "Kawa" means "river," and "Kami" means "up." This implies that my ancestors may have lived upriver.

【imply 暗示する、ほのめかす】

A: ごめんなさい。あなたのお名前が聞き取れなかったので、もう一度言っていただけますか？
B: もちろんです。僕の苗字は川上です。
A: 「カワカミ」って、どういう意味ですか？
B: 「カワ」は「川」で、「カミ」は「上」という意味です。これは私の祖先が川の上流に住んでいたということかも知れませんね。

15 出身地

学校や会社、あるいは留学での自己紹介や仲間内での会話のなかで出身地に言及されることはよくあります。出身地が同じであるとか、関心がある地域だった場合には一段と興味がわいたり、親しみが増したりするものです。そこで、ここでは出身地を伝える定番表現に触れてみましょう。

出身です

I_026

I'm from Tokyo.
私は東京出身です。

I'm from Kanagawa.
私は神奈川出身です。

I come from Osaka.
私は大阪出身です。

I'm from the Chugoku region.
私は中国地方出身です。

I'm from Chiba, Japan.
私は日本の千葉出身です。

場所から

I_027

I'm from a small town in Hiroshima.
広島の小さな町出身です。

I'm from a small town called Sasayama.
私は笹山という小さな町出身です。

I come from the country.
私は田舎出身です。

コメント

be from ~、come from ~ はニュアンスの違いこそあるものの、どちらも「～出身です」を言い表します。なお、自己紹介を海外でする際、よく知られた都市は別として、世界的に知られていない場合は I'm from ○○, Japan. のように、出身地の後に Japan を入れます。同様に、地名を同時に言うときは I'm from Shinjuku, Tokyo. といった具合に、小さいほうが先にきます。ちなみに、come from~ を用いる場合は came from~ のように過去形にしないこと。came from~ はついさっきまでいた場所に言及する表現であるため、I came from Yokohama. とすると（「さっきまでいた」横浜から来たんだ）になります。

また、都道府県ではなく、おおざっぱに関東地方とか九州地方のように地方区分で出身地を伝える場合は Hokkaido region（北海道地方）、Tohoku region（東北地方）、Kanto region（関東地方）、Chubu region（中部地方）、Kinki region（近畿地方→「関西地方」Kansai region と呼ばれることもある）、Chugoku region（中国地方）、Shikoku region（四国地方）、九州地方（Kyushu region）となります。

故郷は

I_028

My hometown is Sendai.
私の故郷は仙台です。

Yokohama is my hometown.
横浜が私の故郷です。

My hometown is in Saitama prefecture.
私の故郷は埼玉県にあります。

I come from Osaka, but I'm originally from Fukuoka.
大阪から来ましたが、もともとは福岡出身です。
☞originally「もともとは、生まれは、本来は」

16 出身地の方向

～にある 🔊 I_029

Kyoto is *located* in the Kansai region.
京都は関西地方にあります。

近くにある

Chiba *is near* Tokyo.
千葉は東京の近くです。

隣にある

Kanagawa *is next to* Tokyo.
神奈川は東京の隣です。

接している

Saitama *borders* Tokyo. /Saitama *is bordered by* Tokyo.
埼玉は東京と接しています。

中央にある

Aichi prefecture *is almost in the center of* Japan. /
Aichi prefecture *is almost the center of* Japan.
愛知県は日本のほぼ中央です。

東・西・南・北にある

Hokkaido *is in the north of* Japan.
北海道は日本の北にあります。

Okinawa *is in the very south of* Japan.
沖縄は日本の最南端にあります。

Fukuoka *is located in the north of* Kyushu.
福岡は九州の北に位置しています。

～から見て…の方向にある

My hometown *is to the east of* Tokyo.
私の故郷は東京から見て東の方向にあります。

コメント

「A は B の近くです」は A is near B. で、「A は B の隣です」は A is next to B.、「A は B の中央です」は A is in the center of B. とします。また「A は B の東にあります」は A is in the east of B. で、「西」の場合は west、「南」の場合は south、「北」の場合は north です。なお、「～から見て…の方向にある」という場合は A is to the south of Japan.（A は日本から見て南の方向にあります）のように、A is to the east/west/south/north of Japan（A は日本から見て東 / 西 / 南 / 北にあります）となります。ちなみに、be in the ~ of は Kyoto is located roughly in the center of Japan.（京都は日本のほぼ中央にあります）のように be located in the ~ of …（…の～に位置している）として使えます。

17 出身地を尋ねる

自己紹介や会話の流れから相手の出身地を尋ねることがよくあります。その際に使われる定番表現は以下の通りです。

I_030

Where are you from?
出身はどこですか？

Where are you from originally?
もともとはどこ出身ですか？

Where do you come from?
どこから来られました？

What is your hometown?
出身地はどこですか？

What country are you from?
お国はどちらですか？

What city are you from?
どちらの都市ですか？

Which city are you originally from?
もともとはどちらの都市出身ですか？

Where were you born and raised?
どこで生まれ育ちましたか？

Can I ask where you grew up?
どこで育ったか聞いてもいい？

Are you from Tokyo?
東京出身ですか？

Are you from Minato ward?
港区出身ですか？

コメント

「国」を尋ねる場合は What country are you from? で、「地方」の場合は country に代わって region、「県」は prefecture、「都市」は city、「町」は town、「区」は ward、「州」は state にします。なお、Are you from~ ? は「〜出身ですか」と具体的な場所を示して尋ねるフレーズです。

地域の具体的な場所を聞きたいときは次の表現が使われます。

Where in Osaka are you from?
大阪のどこ出身ですか？

Which part of Tokyo are you from?
東京のどの辺の出身ですか？

具体的な場所を聞くのは失礼かなと思われる際の表現です。

Whereabouts in Nagoya?
名古屋のどのあたりですか？

コメント

whereabouts は「所在、居場所、どの辺り」を意味する語で、Where do you live?（どこに住んでいますか？）と具体的に住んでいる場所を尋ねるのがはばかられるときなどに、Whereabouts do you live?（どの辺りに住んでいますか？）と、だいたいの場所を聞く際に使われます。

18 住んでいる場所

住んでいる具体な場所を伝える際は「live in ＋場所」で表します。

1_031

I live in the country.
田舎に住んでいます。

I live in the city.
都会に住んでいます。

I live in Shibuya.
私は渋谷に住んでいます。

I live in the suburbs of Tokyo.
東京の郊外に住んでいます。

I live in Kobe in Hyogo prefecture.
私は兵庫県の神戸に住んでいます。

I live in a place about ten minutes away from the station.
＝I live about ten minutes away from the station.
「駅からおよそ 10 分の場所に住んでいます」

I live in a downtown area.
市街地に住んでいます。　☞I live in downtown. は「繁華街に住んでいます」

I live far from downtown.
繁華街からかなり離れたところに住んでいます。

I live 20 minutes from the city center by car.
市の中心から車で 20 分のところに住んでいます。

コメント

「田舎に住んでいる」を表す表現は live in the country の他に live in the countryside、live in a very rural area、live in the sticks（ド田舎に住んでいる）、live in the back of beyond（人里離れた辺鄙な場所に住んでいる）などがあります。

suburbs は都市の「近郊、（特に）住宅区域」で、downtown は Let's go downtown to have lunch.（昼食を食べに繁華街へ行こうよ）のように「繁華街、商業地区、中心街」をいいます。なお、far from~ は My house is far from the station.（私の家は駅から遠い）といった具合に「～から離れて、～から遠くに」の意。乗り物を使わず徒歩で移動する場合は I go to work on foot.（徒歩で仕事に行きます）、It takes only five minutes on foot.（徒歩でわずか 5 分です）のように on foot です。ちなみに「バスで」は by bus、「電車で」は by train、「自転車で」は by bicycle、by bike です。

19 住んでいる場所を尋ねる

I_032

Where do you live?
どこに住んでいますか？

住んでいる具体的な場所を伝えたくない場合とか、わかりにくい場所に住んでいることから場所がわかりやすいように、目印となる場や建物などとともに伝える場合です。

I live close to the station.
駅のすぐそばに住んでいます。

I live by the sea.
海のすぐそばに住んでいます。

I live near the post office.
郵便局の近くに住んでいます。

I live in a house at the back of the famous *sushi* restaurant.
有名な寿司店の裏手の家に住んでいます。

I live in the neighborhood of the school.
学校の近くに住んでいます。

I live in the vicinity of the hotel.
ホテルの近くに住んでいます。

コメント

near、by、close to~ はいずれも「～の近くに」を表す表現ですが、near には「くっついている」といった意味合いがないため、near に比べて by や close to~ のほうが接近していることを表しています。なお、in the neighborhood of~ は neighborhood が「近所、近隣」を意味していることから「～の近所に、～の近くに」を表します。

類似した表現 in the vicinity of~ は、vicinity の意味「近く、近所、界隈」の意から、in the neighborhood of~ と同様に「～の近くに」を表して使われますが、in the vicinity of~ のほうがより広い範囲を指す傾向にあります。

20 生まれ・育った場所

現在、住んでいる場所に加え、生まれた場所や育った所が話題になることも多々あります。そうした際の定番表現をまとめてみましょう。

I_033

I was born in Tokyo.
私は東京で生まれました。

I was raised in Osaka.
私は大阪で育ちました。

I was born and raised in Tokyo.
私は生まれも育ちも東京です。

I was born in Tokyo, but raised in Osaka.
生まれたのは東京ですが、育ったのは大阪です。

コメント

be born in~ は「～で生まれる」で、be raised in~ は「～で育つ」の意。be raised in~ に代わって「育てる」を表すイディオム bring up、「成長する、大人になる」を表す grow up、「過ごす」を意味する spend を使って言い表すこともできます。

I was brought up in Fukuoka.
福岡で育ちました。

I grew up in Kyoto.
京都で育ちました。

I spent my childhood in Kyoto.
私は京都で子ども時代を過ごしました。

応用してみよう

好きな個所、自分に適した文を選び、組み合わせてみよう。

ショートスピーチ編

1

I_034

I come from Tokyo, but I'm originally from Fukuoka, which is located in the north of Kyushu. Currently, I live near the school I attend. In fact, I can walk to school in less than 10 minutes. It's very convenient.

私は東京出身ですが、もともとは九州の北に位置する福岡です。現在は、通っている学校の近くに住んでいます。実際、学校まで徒歩で10分以内なので、とても便利です。

2

I_035

I am from a small town called Sasayama in Aichi prefecture, which is almost in the center of Japan. But I currently live in downtown Tokyo. My apartment is located behind the restaurant, which is very convenient because I can go there quickly when I am hungry.

私は日本のほぼ中央に位置する愛知のササヤマという小さな町の出身です。しかし、現在は東京の繁華街に住んでいます。私のアパートはレストランの裏手にあり、とても便利です。というのも、お腹が空いたらすぐそこに行けるからです。

会話編

1

I_036

A: Where are you from?
B: I'm from Tokyo.
A: What part of Tokyo are you from?

B: I'm from Minato ward.

A: 出身はどこですか？
B: 東京です。
A: 東京のどの辺ですか？
B: 港区出身です。

2 I_037

A: Where do you come from?
B: I come from Osaka.
A: Whereabouts in Osaka?
B: I'm from a downtown area in Umeda.

A: どこ出身ですか？
B: 大阪出身です。
A: 大阪のどの辺ですか？
B: 梅田の繁華街出身です。

3 I_038

A: Where do you live?
B: I live in Shibuya.
A: Is it near the station?
B: No, I live in a place that is twenty minutes away from the station.
How about you?
A: I live close to the station.
B: Oh, that's convenient.

A: どちらにお住まいですか？
B: 渋谷に住んでいます。
A: 駅の近くですか？
B: いえ、駅から 20 分の所に住んでいます。あなたは？
B: 私は駅の近くに住んでいます。
A: あら、それは便利ですね。

4

🔊 1_039

A: Do you live in Yokohama?

B: Yes, I do.

A: Were you born and raised there?

B: No, I was born in Kobe and grew up in Yokohama.

A: お住まいは横浜ですか？
B: はい、そうです。
A: そちらで生まれ、育ったわけですか？
B: いえ、生まれは神戸で、育ったのは横浜です。

5

🔊 1_040

A: I heard you live by the sea.

B: Yes, that's correct. The Pacific Ocean stretches out in front of my house.

A: So, you get to go swimming whenever you want in the summer.

B: Yes, that's right. And the sea breeze is so refreshing that I don't need an air conditioner.

A: あなたは海の側に住んでいるって聞いたけど。
B: うん、そうなんだ。僕の家の前には太平洋が広がっているよ。
A: じゃあ、夏には好きな時に泳ぎに行けるわけね。
B: そう、その通りさ。それに海風がとてもすがすがしくて、エアコンが要らないんだ。

6

🔊 1_041

A: Where were you born?

B: I was born in Tokyo.

A: You were born and raised in Tokyo?

B: No, I was born in Tokyo, but raised in Osaka.

A: 生まれはどこ？
B: 東京で生まれたんだ。

A: 生まれも育ちも東京？
B: いや、生まれは東京だけど、育ったのは大阪。

7

🔊 1_042

A: You were born in Osaka, right?
B: Yes, I was born in Osaka, but I grew up in Kyoto.
A: What a coincidence! I spent my childhood in Kyoto, too.

A: 君、生まれは大阪だったよね？
B: そう、大阪生まれだけど、育ったのは京都よ。
A: なんて偶然なんだ！僕も京都で幼少時代を過ごしたんだけど。

8

🔊 1_043

A: What city are you originally from?
B: I'm originally from Fukuoka.
A: Fukuoka in Kyushu?
B: Yes, Fukuoka is located in the north of Kyushu.

A: もともとはどの都市出身？
B: もとは福岡。
A: 九州の福岡？
B: そう、九州の北に位置する福岡よ。

21 年齢を告げる

年齢は自己紹介や他人とのコミュニケーションを築くための重要な情報です。年齢を伝えることで互いの共通点を見つけたり、会話を円滑に進めたりすることができます。また、語学学習において年齢の表現は授業や練習で頻繁に取り上げられるトピックの一つでもあり、年齢を尋ねたり、伝えるなどの練習が盛んに行われます。そのため年齢の表現を学習することは語学学習における必要不可欠なスキルであり、それらをマスターすることで自然なコミュニケーションが可能となるのです。

なお、年齢を言い表す基本的な表現には～ years old（～歳）と、「年齢」を意味する age を用いた～ years of age（～歳）があります。後者はフォーマルな表現で、生きている人に使います。ちなみに、日常会話では years old や years of age を省略して年齢を表す数字だけを言う場合が多々あります。

I_044

I'm 18 years old.
私は 18 歳です。

I'm 25 years of age.
私は 25 歳です。

I'm 30 now.
今 30 です。

現在の年齢を表す際、be 動詞は現在形で、これから迎える年齢を告げる場合は will be ~ years old、「~ になる」を表す turn を使って will turn ~ years old とします。なお、近未来、予定されていることを言い表す現在進行形を用いて be turning ~ years old とすることもできます。また、will become ~ years old も良く使われます。その他、will reach the age of ~（~ 歳に達する）という表現がありますが、こちらは余り一般的な表現ではありません。

I will be 16 years old in June.
6 月には 16 歳になります。

I will turn 32 soon.
もうすぐ 32 歳になります。

I'm turning 20 next month.
来月 20 になります。

I will become 25 years old in a month.
1 か月後に 25 歳になります。

I will reach the age of 40 on this coming September 10.
私は今度の 9 月 10 日で 40 歳になります。

過去の年齢を表す場合は過去形を使います。

I turned 25 years old last week.
先週 25 歳になりました。

I was 18 when I first went to the United States.
初めて合衆国へ行ったのは 18 歳のときでした。

I became 20 years old.
私は 20 歳になりました。

I reached the age of 50 last week.
先週 50 歳になりました。

正確な年齢は言いたくない、少しぼかした表現を使いたいといったときに「～代です」といった表現があります。この場合は I'm in my 40s.（私は 40 代です）のように「be in one's ＋数字＋ s」とします。なお、「～歳前後」とする場合は about（おおよそ）、around（おおよそ）、roughly（おおよそ）、almost（もう少しで）を使って be about ~ years old、be around ~ years old、be roughly ~ years old、be almost ~

years old です。

I'm in my 10s. = I am in my teens.
私は 10 代です。

I'm in my 20s. = I am in my twenties.
私は 20 代です。

I'm in my 30s. = I am in my thirties.
私は 30 代です。

I'm about 50 years old.
私は 50 歳前後（アラフィフ）です。

I'm almost 60 years old.
私はもう少しで 60 歳です。

「～代前半、半ば、後半」としたい場合は数字の前に early、middle（= mid）、late を入れます。

I'm in my early 30s.
私は 30 代前半です。

I'm still in my mid 40s.
私はまだ 40 代半ばです。

I'm already in my late 50s.
私はもう 50 代後半です。

（歳）代の語句

10 代	teens	20 代	twenties	30 代	thirties	40 代	forties
50 代	fifties	60 代	sixties	70 代	seventies	80 代	eighties
90 代	nineties	100 歳代	hundreds				

22 年齢を聞く

人に年齢を聞く定番表現はHow old are you?（何歳ですか）ですが、国や文化などの違いにより年齢に対する考え方が異なったり、人により年齢に敏感だったりします。そのため、状況や相手によっては失礼かも知れないので、相手が自発的に話題にする、あるいは関係が発展してから尋ねるのが無難でしょう。

I_045

How old are you?
何歳ですか？

What's your age?
歳はいくつですか？

初対面の人などには丁寧な聞き方をしてみましょう。

Is it okay if I ask your age?
歳を聞いてもいいですか？

May I ask how old you are?
何歳か伺ってもいいですか？

May I ask your age?
お歳を伺ってもいいですか？

Could you tell me your age?
年齢を教えていただけますか？

If you don't mind me asking, how old are you?
何歳かお聞きしてもよろしいですか？

Do you mind sharing your age?
お歳を教えていただいてもかまいませんか？

If you don't mind, could I ask your age?
よろしければ、お歳を伺ってもよろしいですか？

Would you mind telling me your age?
お歳を教えていただけませんか？

コメント

Is it okay if ~? は「〜してもいいですか」を意味して相手の許可を求める表現で、Would it be okay if ~? とするとより丁寧なものになります。May I ask~ ? は相手に許可を求める丁寧な言い回し。If you don't mind 〜は「差し支えなければ〜」を言い表す丁寧な表現で、相手が不快を感じる可能性がある質問などに対して丁寧に聞く際に使われます。なお、If you don't mind me asking 〜の me asking は my asking とも言います。Would you mind ~ing ? も「〜してくださいませんか」を意味する丁寧な依頼の表現です。

また share your age の share が「分けあう」の意を表すことから share your age は Please share your ideas with us.（あなたの考えを私たちに話してください）といった具合に「あなたの年齢を話す」の意味になります。

23 生年月日を言う

自己紹介のときにどこまで自分のことを話すかは時と場合、また個人の考えによって異なります。ここでは英語学習をはじめ、友人との会話、就職時の面接などで必要となった場合を想定し、年、月、曜日、時間などに関連して説明します。

生まれた年を言い表すときは「in ＋年」になります。

🔊 I_046

I was born in 1999.
私は 1999 年に生まれました。

I was born in Tokyo in 2000.
私は 2000 年に東京で生まれました。

西暦の言い方

西暦の言い方の基本は2桁ずつですが、645年ように3桁の場合はsix hundred forty-five あるいは six hundred and forty-five とします。

710年	seven hundred ten/ seven hundred and ten
1000年	one thousand
1008年	one thousand and eight
1800年	eighteen hundred ☞下2桁が0の場合は hundred となる
1805年	eighteen oh-five ☞3桁目が0の場合は oh（オー）と発音する
1990年	nineteen ninety
1915年	nineteen fifteen
2000年	two thousand
2001年	two thousand and one/ two thousand one
2005年	two thousand and five/ two thousand five
2010年	twenty ten/ two thousand ten
2025年	twenty twenty-five/ two thousand twenty-five

生まれた季節を言い表すときは「in ＋季節」になります。

I was born in spring.
私は春生まれです。

I was born in early summer.
私は初夏に生まれました。

I was born in mid-autumn.
私は秋の真っ最中に生まれました。

I was born in late winter.
私は冬の終わりに生まれました。

季節の語句

春　spring
初春　early spring
春の真っ最中　mid-spring
晩春　late spring
初春に　at the beginning of spring
春たけなわに　in the middle of spring
春の終わりに　at the end of spring
夏　summer
初夏　early summer
夏の盛り　mid-summer
夏の終わり　late summer
夏の初めに　at the beginning of summer
真夏に　in the middle of summer
夏の終わりに　at the end of summer
秋　autumn（英）/fall（米）
初秋　early autumn
秋の真っ只中　mid-autumn
晩秋　late autumn
秋の初めに　at the beginning of autumn
秋の真っ盛りに　in the middle of autumn
秋の終わりに　at the end of autumn
冬　winter
初冬　early winter
真冬　mid-winter
晩冬　late winter
冬の初めに　at the beginning of winter
冬の真っ只中に　in the middle of winter
冬の終わりに　at the end of winter

生まれた月を言い表すときは「in ＋月」になります。なお「何月何日」という場合は特定の「日」を表しているため「on ＋月＋日」になります。

I was born in March.
私は 3 月に生まれました。

I was born in May in 2001.
私は 2001 年の 5 月に生まれました。

I was born on June 15th. = I was born on June 15; I was born June 15.
私は 6 月 15 日に生まれました。

月の語句

各月の正式表記とその省略形です。省略形の場合、正式にはピリオドをつけますが、省略可能です。なお、正式表記と省略形が同じの場合、ピリオドは不要となります。（/ 省略形）

1 月	January/ Jan.	2 月	February/ Feb.	3 月	March/ Mar.
4 月	April/ Apr.	5 月	May/ May	6 月	June/ Jun.
7 月	July/ Jul.	8 月	August/ Aug.	9 月	September/ Sep.
10 月	October/ Oct.	11 月	November/ Nov.	12 月	December/ Dec.

生まれた曜日を言い表すときは「on ＋曜日」になります。

I was born on Monday.
私は月曜日に生まれました。

I was born on Monday night. ＝ I was born at night on Monday.
私は月曜日の夜、生まれました。

I was born at midnight on Friday.
＝ I was born on Friday at midnight.
私は金曜日の夜中に生まれました。

I was born on Tuesday morning.
＝ I was born in the morning on Tuesday.
私は火曜日の朝に生まれました。

I was born on Wednesday at noon.
＝ I was born at noon on Wednesday.
私は水曜日の正午に生まれました。

曜日の語句

曜日の正式表記と省略表記です。正式の文書では省略形の後にピリオドをつけます。ただし、非公式のメールやチャットではピリオドをつけないことがよくあります。(/ 省略形)

日曜日	Sunday/ Sun.	月曜日	Monday/ Mon.
火曜日	Tuesday/ Tue.	水曜日	Wednesday/ Wed.
木曜日	Thursday/ Thu.	金曜日	Friday/ Fri.
土曜日	Saturday/ Sat.		

生まれた日付を言い表すときは「on ＋日付」になります。

I was born on the 10th of April. = I was born on April 10.
私は 4 月 10 日に生まれました。☞April 10 = April 10th

I was born on August 5th. = I was born on the 5th of August.
私は 8 月 5 日に生まれました。

＊ be born on the 10th of April も be born on April 10th もどちら正しい表現で、好みに応じて使われます。一般的には、前者がイギリスで好まれ、後者の表現はアメリカでよく使われます。また、日付の表現には序数を使いますが、be born on April 10 あるいは be born on 10 of April とする場合があります。これは日付を簡単に表した方法です。

数字の語句

1	first	1st	11	eleventh	11th
2	second	2nd	12	twelfth	12th
3	third	3rd	13	thirteenth	13th
4	fourth	4th	14	fourteenth	14th
5	fifth	5th	15	fifteenth	15th
6	sixth	6th	16	sixteenth	16th
7	seventh	7th	17	seventeenth	17th
8	eighth	8th	18	eighteenth	18th
9	nineth	9th	19	nineteenth	19th
10	tenth	10th	20	twentieth	20th
21	twenty-first	21st	31	thirty-first	31st
22	twenty-second	22nd	32	thirty-second	32nd
23	twenty-third	23rd	33	thirty-third	33rd
24	twenty-fourth	24th	～		
25	twenty-fifth	25th			
26	twenty-sixth	26th	100	one hundredth	
27	twenty-seventh	27th	101	one hundred and first	
28	twenty-eighth	28th	102	one hundred and second	
29	twenty-ninth	29th	103	one hundred and third	
30	thirtieth	30th	104	one hundred and fourth	

生まれた時間を言い表すときは「at ＋時間」で、時間帯を言い表すときは in the morning（朝に）、in the afternoon（午後に）、in the evening（夕方に）、at night（夜に）になります。

また、「～の初旬に」は in early ＋月または in the early part of ＋月、「～の中旬に」は in the middle of ＋月、in mid- 月、または around the middle of ＋月、「～の下旬に」は in late ＋月、at the end of ＋月または towards the end of ＋月（～の終わり頃に）となります。

I was born in the evening.
私は夕方に生まれました。

I was born at 9 o'clock in the morning.
私は朝 9 時に生まれました。

I was born at 8 at night.
私は夜 8 時に生まれました。☞o'clock を省略したもの

I was born on Sunday afternoon at three o'clock.
私は日曜日の午後 3 時に生まれました。

I was born in early March.
私は 3 月初旬に生まれました。

生まれた場所、年、月、時間をまとめて言うと次のようになります。

I was born in Kyoto at 11 a.m. on September 20th, 2002.
= I was born in Kyoto on September 20, 2002 at 11 a.m.
私は京都で 2002 年 9 月 20 日、午前 11 時に生まれました。

I was born in Tokyo on July 15, 2011 at exactly 8:30 p.m.
= I was born in Tokyo at exactly 8:30 p.m. on July 15, 2011.
私は東京で 2011 年 7 月 15 日の夜 8 時 30 分丁度に生まれました。

コメント

a.m. はラテン語 ante meridiem（正午の前）に由来する表現で、I got up at six a.m.（午前 6 時に起きました）のように「午前」を意味して使われます。「午後」の場合も同じくラテン語に由来する post meridiem（正午の後）から来たもので、I go to bed at 11 p.m. every day.（毎日、夜 11 時に床に就きます）のように使われます。どちらも時刻の後につけて用いますので気をつけましょう。

24 誕生日を言う

誕生日を言う場合は次のような言い方があります。

🔊 I_047

My birthday is on December 25th.
私の誕生日は 12 月 25 日です。

My birthday is December 25th.
私の誕生日は 12 月 25 日です。

My birthday is on the 25th of December.
私の誕生日は 12 月 25 日です。

December 25th is my birthday.
12 月 25 日が私の誕生日です。

My birthday is in November.
私の誕生日は 11 月です。

コメント

特定の曜日や日付を指すときには通常 on を用いますが、誕生日については on の使用は任意で、使わなくてもまったく問題ありません。

25 誕生日を尋ねる

誕生日は個人的情報なので相手に尋ねる場合は、適切なタイミングや関係性を顧慮して行いましょう。

🔊 I_048

When were you born?
いつ生まれましたか？

When is your birthday?
誕生日はいつですか？

What month were you born? = What month were you born in? ; In what month were you born? ; Which month were you born in?
何月生まれですか？

What's your birth month?
生まれた月はいつですか？

What is your birthdate?
生年月日はいつですか？

Can you tell me your date of birth?
誕生日を教えてくれる？

丁寧に尋ねる場合

I_049

Could you tell me when your birthday is?
誕生日がいつか教えていただけます？

May I ask when you were born?
いつお生まれになったかお訊ねしてもよろしいですか？

May I know when you celebrated your birthday?
いつ誕生日をお祝いされたか聞いてもいいですか？

I hope you don't mind me asking, but when is your birthday?
聞きにくいのですが、あなたの誕生日はいつですか？

コメント

Could you tell me~？は相手に何か教えて欲しいときに使う定番フレーズで、Can you tell me~？（教えてくれますか？）の丁寧な言い方。May I~？が相手の許可を得る表現であることから、May I ask~？は直接聞くのが失礼だと思ったときに「聞いてもいいですか」を意味して使われます。また、I hope you don't mind me asking は、聞いたら相手を不快な気持ちにさせてしまうかも知れないけど、でも聞きたいといった際などに「聞きにくいのですが、よろしければ」といった意味合いで用いられます。

応用してみよう

好きな個所、自分に適した文を選び、組み合わせてみましょう。

ショートスピーチ編

1

🔊 1_050

I was born in Kyoto. My birthday is on December 25th, and I'm 18 years old now. I was 15 when I first came to the United States, and this is my second visit here.

私は京都生まれです。誕生日は 12 月 25 日で、現在、18 歳です。私が初めて合衆国に来たのは 15 の時で、今回が 2 度目の訪問になります。

2

🔊 1_051

I was born and raised in Kanagawa. My acquaintances want to know my age, but it is a secret. Let's just say I am in my twenties. My birthday is on March 28th. I was born at the end of the month, just as the first signs of spring began to appear.

私は神奈川で生まれ育ちました。知人は私の年齢を知りたがりますが、それは秘密です。ただ 20 歳代とだけ言っておきましょう。私の誕生日は 3 月 28 日、ちょうど春の気配が感じられ始めた月の終わりに生まれました。

会話編

1

🔊 1_052

A: I will turn 32 soon.
B: I hope you don't mind me asking, but when is your birthday?
A: December 25th is my birthday.

A: 私はもうすぐ 32 になります。
B: よろしければ、あなたの誕生日を聞いてもいいですか？
A: 私の誕生日は 12 月 25 日です。

2

🔊 I_053

A: When and where were you born?

B: I was born in Kyoto on September 20th, 2002.

A: いつ、どこで生まれたの？

B: 2002 年の 9 月 20 日に京都で生まれたんだ。

3

🔊 I_054

A: I come from Tokyo and I'm 20 years old.

B: When is your birthday?

A: My birthday is on December 25th.

A: 私は東京出身で 20 歳です。

B: 誕生日はいつですか？

A: 誕生日は 12 月 25 日です。

4

🔊 I_055

A: Is it okay if I ask your age?

B: I'm 18 years old.

A: What season were you born?

B: I was born in late winter.

A: あなたの年齢を聞いてもいい？

B: 私、18 歳です。

A: 生まれた季節はいつ？

B: 冬の終わりに生まれたの。

5

🔊 I_056

A: What's your birth month?

B: It's March.

A: And which day in March?

B: Toward the end of March, on the 28th.

A: What a coincidence! Your birthday is the same as mine.

A: 生まれた月は？
B: 3 月です。
A: で、3 月の何日？
B: 3 月終わり、28 日です。
A: 奇遇だね！君の誕生日は僕と一緒だ。

6

I_057

A: I don't believe you were born in the year 2010.
B: I was born in 2010.
A: No way! I was also born in 2010.
B: This is something of a coincidence. Let's keep in touch.

【No way　うそでしょ、信じられない、まさか　　be something of a ~ ちょっとした～である　　let's keep in touch 連絡を取り合おう→〈今後ともどうぞよろしく〉といった感じ】

A: まさかあなたが 2010 年に生まれたなんて。
B: 2010 年生まれだよ。
A: うそでしょ！私も 2010 年生まれなんだけど。
B: これって何かの偶然だね。連絡取りあおう。

7

I_058

A: May I ask how old you are?
B: I'm 20 years old.
A: You are the same age as my sister.
B: May I ask your age?
A: I am two years older than you, 22.

A: お歳を聞いてもいいですか？
B: 私は 20 歳です。
A: 私の妹と一緒ですね。
B: あなたの年齢は？
A: あなたより 2 歳年上の 22 歳。

26 未婚・既婚

結婚しているかいないかは個人のライフスタイルや生活状況に少なからず影響を与える要素です。結婚している場合、家族やパートナーとの関係性により人間関係の範囲が広がるでしょうし、独身の場合は自己紹介が新たな出会いや人間関係の始まりの大いなるきっかけになるはずです。また、特定の文化や社会においては、結婚の有無が社会的な役割や地位に微妙な影響を与えることがあるかも知れません。ただし、結婚やその類に関する情報を自己紹介に含めるかどうかは、フォーマルな場、インフォーマルな場、集いの性格などによって異なりますので、個人で状況を的確に判断し、選択してください。

なお、日常生活や人との交流、あるいは語学学習におけるグループでの練習においては、結婚やそれに類する話題が出ることはよくあります。コミュニケーションに必要な基本的な表現とともに、結婚、未婚などを含めた自分の状況を適切に伝えるための表現を習得することが、より豊かな語学スキルの向上へとつながっていくはずです。

独身です

I_059

I am single. = I am a single person.
私は独身です。

I am 40 years old and still single.
私は 40 歳ですが、まだ独身です。

I don't intend to get married.
結婚するつもりはありません。

I would still like to remain single.
まだ独身でいたいです。☞remain = stay

I want to get married, but I have no partner.
結婚したいのですが、相手がいません。

My parents want me to get married as soon as possible, but I have no intention of getting married.
両親は私にできるだけ早く結婚して欲しがっていますが、私は結婚する意志がありません。☞have no intention of ~「～するつもりはない、～する気はない」

I will remain single for the rest of my life.
私は一生独身でいます。☞remain＝be

I think I'm more comfortable being single.
私は独身のほうが気楽です。

I would much rather be single than marry someone who is emotionally immature.
私は人間的に未熟な人と結婚するくらいなら、独身のほうがはるかにいいと思います。☞emotionally → humanly を用いたいところだが、この意の場合、一般的には emotionally が使われる。☞immature「未熟な」

I have no desire to get married.
私に結婚願望はありません。☞to get married＝to marry

I am currently looking for a girlfriend.
現在、恋人募集中です。☞girlfriend → boyfriend

交際中です

🔊 I_060

I am currently in a relationship with a wonderful man.
＝I am currently dating a wonderful man.
現在、素敵な人と交際中です。☞be in a relationship with~「～と交際中である、～とつき合っている」 ☞man → woman

I have been dating a man for the past two years.
＝I have a man that I have been dating for the past two years.
私には２年ほどつき合っている男性がいます。☞man → woman

I have someone I am thinking of marrying.
＝I have someone I am considering marrying.
私には結婚を考えている人がいます。

I want to marry someone.
＝I have someone I want to marry.
私には結婚したい人がいます。

こんな人と結婚したい

🔊 I_061

If I were to marry, I would want to marry a man with high-income.
結婚するなら、高所得の人と結婚したいです。☞high-income「高所得」

I want to marry a high-income, tall, and handsome man.
私は高所得で、背が高く、ハンサムな人と結婚したいです。

I want to marry a kind and beautiful woman.
私は親切で美しい女性と結婚したいです。

I'm willing to marry anyone if I can.
私は結婚できるなら誰でもいいです。

婚約中

🔊 I_062

I am currently engaged. = I am currently engaged to be married.
現在、婚約中です。

I got engaged last month.
先月、婚約しました。☞got engaged = became engaged

I got engaged to my current girlfriend.
今つき合っている彼女と婚約しました。☞girlfriend → boyfriend

結婚します

🔊 I_063

I'm getting married.
私、結婚します。

I'm getting married next month.
来月、結婚します。

I'm getting married next spring to someone I am currently dating.
私は来年の春に、現在お付き合いしている人と結婚します。

I'm getting married suddenly to someone I met last month.
私は先月出会ったばかりの人と電撃結婚することになりました。

I am getting married to a man I have been dating for three years.
私は 3 年にわたってお付き合いしている男性と結婚することになりました。

結婚した

🔊 I_064

I got married last year.
私は昨年結婚しました。

I married a colleague from my office.
私は会社の同僚と結婚しました。☞my office＝my company; work

I married a woman I met at a party.
私はパーティーで出会った女性と結婚しました。

I married a man I met through a friend.
私は友人を通して出会った男性と結婚しました。

I got married in an arranged marriage.
＝I was married in an arranged marriage.
私は見合いで結婚しました。☞in＝through

I married a classmate from college.
私は大学のクラスメートと結婚しました。☞classmate → junior「後輩」、senior「先輩」

I got married to a man who is an office worker.
私は会社員の男性と結婚しました。

I am married to a woman who works for a bank.
私は銀行に勤める女性と結婚しています。☞works for a bank ☞is a high school English teacher「高校の英語教師」→ teaches English at a high school「高校で英語を教える」

I am married to a homey woman who is an excellent cook.
私は料理がとても上手で家庭的な女性と結婚しています。☞homey「家庭的な」

既婚者です

🔊 I_065

I'm married.
私は既婚者です。

I have a husband.
私には夫がいます。☞husband → wife「妻」

コメント

「結婚する」のフレーズはI want to marry you.（君と結婚したい）のようにmarryとI want to get married to you.（君と結婚したい）のようにget marriedです。また「結婚しよう」とする場合はLet's marry.とLet's get married.ですが、get marriedのほうがより広く受け入れられています。「結婚した」とする場合は過去形のmarried、got marriedになります。これから結婚する場合はwill marryとWe will be getting married in June.（私たち、6月に結婚します）といった具合に、willl be＋getting marriedです。また、「～と結婚する」はI will marry Tom.（トムと結婚します）のようにmarry～と、I got married to Tom.（トムと結婚しました）のようにget married to～になります。なお、「結婚している」とする場合はbe married、「～と結婚している」はI'm married to a wonderful man.（私は素敵な男性と結婚しています）のようにbe married to ~ とします。ちなみに、「私と結婚してください」はWill you marry me?、Will you get married to me?です。

27 結婚に関する質問

独身ですか

🔊 I_066

Are you single?
独身ですか？

Are you married?
結婚していますか？

Do you plan to get married?
結婚の予定はありますか？

Do you intend to marry?
結婚の意志はありますか？

Do you enjoy your single life?
独身生活を楽しんでいますか？

How long do you plan to remain single?
いつまで独身を続けますか？

相手に求めるもの

🔊 I_067

What kind of person would you like to marry?
あなたはどんな人と結婚したいですか？

What do you want in a marriage partner?
あなたは結婚相手にはどんなことを望みますか？

What is your ideal marriage partner like?
= What is your ideal marriage partner?
あなたの理想の結婚相手とはどんな人ですか？

結婚生活

🔊 I_068

My husband and I are getting along very well.
夫と私は仲良くやっています。

We enjoy the same hobbies.
私たちは同じ趣味を楽しんでいます。

We always go everywhere together.
私たちはどこへ行くのも一緒です。

We have similar personalities.
私たちは同じような性格です。

We have very different personalities.
= We are very different from each other.
私たちは性格がずいぶん違います。

We always interfere with each other.
私たちはいつも干渉しあいます。☞interfere「干渉する、余計な首を突っ込む」

We often argue over silly things.
私たちはくだらないことでよく口論します。

We are currently living apart. = We live separately.
私たちは現在、別居中です。☞live apart はまだ法的な婚姻関係を維持している場合、live separately は夫婦関係が解消されている場合に用いることが適切とされる。ただし、両者の違いは微妙で、どちらでも可。

別れたい

🔈 I_069

I want to break up with someone.
私には別れたい人がいます。☞break up「(カップルなどが) 別れる、仲たがいする」

I really want to break up with someone.
私には別れたくて仕方がない人がいます。☞break up with = leave

I want to leave him as soon as possible, but he will not accept it.
私はできるだけ早く彼と別れたいのですが、彼が承知してくれません。

I would like to leave my husband.
私は夫と別れたいのです。

離婚する

🔈 I_070

We need to get a divorce.
私たちは離婚する必要があります。

I have filed for a divorce.
私は離婚を申し立てています。☞file for~「～を申し立てる」

I filed for a divorce on the grounds of irreconcilable differences.
私は性格の不一致を理由に離婚を申し立てました。☞irreconcilable differences「和解し難い不和」→「性格の不一致」は personality conflict だが離婚を申請する場合には irreconcilable differences が使われる。

We are in the middle of a divorce settlement.
= We are in divorce meditation; We are in a divorce settlement.
私たちは離婚調停中です。

My wife and I divorced last year.
妻と私は昨年、離婚しました。

I divorced my husband. = I got a divorce from my husband.
私は夫と離婚しました。

離婚に関する質問

🔊 I_071

Have you split up?

あなたたちは別れたのですか？

☞split up「（夫婦などが）別れる、関係を断つ、離婚する」

When did you two split up?

あなたたちお二人はいつお別れになったのですか？

Why do you want to break up?

= What are your reasons for wanting to separate?

別れたい理由はなんですか？

Are you happy to part ways? = Are you happy with the split?

別れて幸せですか？　☞part ways 別々の道を行く、離別する　☞split「（名詞）喧嘩別れ、破局」

I hope you will meet someone wonderful in the future.

将来、あなたが素敵な人と出会われることを願っています。

応用してみよう

好きな個所、自分に適した文を選び組み合わせてみましょう。

ショートスピーチ編

1

🔊 I_072

I am thirty-five years old and still single. My parents want me to get married as soon as possible, but I have no intention of getting married. I think I would be much happier staying single than marrying someone whose character I don't know well or who is immature as a human being.

私は35歳で、まだ独身。両親は私にできるだけ早く結婚して欲しいと願っていますが、私は結婚するつもりはありません。性格をよく知らない人とか人間的に未熟な人と結婚するよりは独身のままでいたほうがずっと幸せだと思っています。

2

🔊 I_073

I am in my late twenties and still single. I have not had a boyfriend for the past 5 years and am currently looking for one. If I were to marry, I would want to marry a high-income, tall, and handsome man. However, reality is harsh, and I'm afraid my hope is unlikely to come true.

私は 20 歳後半で、まだ独身です。この 5 年の間、ボーイフレンド歴なしで、現在、彼を募集中です。もし結婚するなら、私は高収入、高身長、それにイケメンがいいです。でも、現実は厳しいので、残念ながら私の希望は実現しないでしょう。

3

🔊 I_074

I have someone I want to marry. I have been dating him for the past two years. He works for a trading company, and is not only positive but also optimistic, tending to see the good side of things. Therefore, whenever I am with him, I have a lot of fun, and even if I am sad, I can quickly forget about it. I wish I could marry him sooner.

私には結婚したい人がいます。彼とは 2 年間付き合っています。彼は貿易会社に勤めていて、ポジティブなだけではなく、楽観的で、物事の良い面を見る傾向があります。だから、私は彼と一緒にいるときはとても楽しく、たとえ悲しいときでも、すぐそれを忘れることができるのです。早く彼と結婚したいな。

4

🔊 I_075

I am happily married. I met my wife through a friend. She is a kind woman who used to work for a bank, which is why she has a good financial sense and can be trusted to manage our household finances. Additionally, she is a talented cook. Thanks to the nutritionally balanced dishes she prepares, I am able to approach every day with vigor.

【financial sense 金銭感覚　household finance 家の財政、家計　approach every day = approach my daily work　with vigor 元気よく】

私は幸せな結婚をしています。妻とは友人を通して知り合いました。彼女は銀行に勤めていた優しい女性です。そのため、彼女は金銭感覚が優れており、家計のやりくりを任せることができます。加えて、彼女は料理がとても上手です。彼女が作る栄養バランスのとれた食事のおかげで、私は毎日元気に仕事に取り組むことができるのです。

会話編

1

I_076

A: Are you single?

B: Yes, I'm still single.

A: Are you currently dating someone?

B: No, I'm looking for a girlfriend right now.

A: あなたは独身ですか？

B: ええ、いまだ独身です。

A: 現在、どなたかとお付き合いしてます？

B: いえ、今のところ彼女募集中です。

2

I_077

A: Do you want to get married?

B: No, my parents want me to get married, but I have no intention of doing so.

A: Why is that?

B: Well, I feel more comfortable being single.

A: 結婚したい？

B: いいえ、両親は私に結婚して欲しがっているけど、でも私、そのつもりはないの。

A: またどうして？

B: つまり、独身のほうが快適だから。

3

I_078

A: I have been dating a man for the past two years.

B: What is he like?

A: He is rich, tall, and handsome.

B: He sounds like a dream man.

A: He really is.

【dream man 理想の男性　sound like~ ～に聞こえる、～のようだ】

A: ここ２年ほどある男性とお付き合いしてるんだ。

B: 彼って、どんな人？

A: お金持ちで、背が高く、それにイケメンよ。

B: 理想の男性って感じだね。

A: ほんと、そうなの。

4

I_079

A: If you were to get married, what kind of person would you want to marry?

B: I want to marry a kind and beautiful woman.

A: But there is a difference between reality and hope, you know.

B: You've got a point.

【you've got a point あなたの言う通り、おっしゃる通り→相手の言ったことを認めるときの表現】

A: もし結婚するなら、どういった人と結婚したい？

B: 親切で美しい女性と結婚したいな。

A: しかし、ほら、現実と希望は違うからね。

B: ごもっとも。

5

I_080

A: What do you want in a marriage partner?

B: What I want in him is honesty, understanding, and to care for me.

A: Is that all you want from him?

B: Yes, that's all.

A: You are realistic, aren't you?

A: あなたは結婚相手に何を求めるかな？

B: 相手には正直で、理解があり、私のことを大事にしてくれることを望むわね。

A: 相手に求めることはそれだけですか？
B: そう、それだけよ。
A: 現実的だね、君って。

6

🔊 1_081

A: Are you married?
B: Yes, I am. I married a woman I met through a friend.
A: What is she like?
B: She is a homey woman who is an excellent cook.
A: That's wonderful.
B: Yeah, we share the same hobbies and always go everywhere together.

A: あなた、結婚してる？
B: ええ、してます。友人を通じて知り合った女性とね。
A: その人、どんな人？
B: 料理がすごく上手で家庭的な女性だよ。
A: それはいいわね。
B: そう、僕たちは趣味が一緒で、それにどこへ行くにもいつも一緒なんだ。

7

🔊 1_082

A: Have you split up?
B: No, not yet. I have filed for a divorce.
A: What are your reasons for wanting to separate?
B: We have very different personalities.

A: 君たち別れたの？
B: いえ、まだ。私、離婚を申し立てているところ。
A: 別れたい理由はなに？
B: 性格がまったく違うのよ。

8

🔊 1_083

A: Are you happy to part ways?

B: Yes, I am. In fact, I've never been happier.

A: What are you going to do now?

B: I've had enough of marriage, so I intend to enjoy the single life for a while.

A: That's a good idea.

【had enough of ~　~はもうたくさんだ、~にはこりごりだ】

A: 別れて幸せ？

B: ええ、幸せよ。実際、これ以上の幸せはないわ。

A: これからどうするつもりよ。

B: もう結婚はこりごりだから、しばらくは独身生活を謳歌するつもり。

A: それはいい考えだね。

28 家族の紹介

家族は私たちの生活や人格形成に重要な役割を果たしているため、自己紹介で家族について触れることは自然な傾向です。日常生活においても、友人や同僚との間で頻繁に取り上げられるトピックであることはもちろん、旅行先での人々との交流や、留学やホームステイ先で家族について質問されることは多々あるはずです。そのため家族に関する表現は非常に実用的で、家族やその近況に関する様々な表現を学習することで表現力の向上、さらにはスムーズなコミュニケーションへとつながっていくに違いありません。

家族構成

🔊 I_084

We have a large family. = My family is large.
我が家は大家族です。☞large = big

My family consists of my grandparents, my parents, myself, plus one brother and one sister.
我が家は私の祖父母、両親、私自身、それに弟が 1 人、妹が 1 人です。

コメント

兄弟は brother で、日本語と違って、「兄」も「弟」も同じ brother になります。厳密に「兄」と言いたいときは older brother、elder brother、big brother となり、「弟」は younger brother、little brother とします。姉妹の場合も同様で、姉も妹も sister で言い表します。くわしく「姉」としたい場合は older sister、elder sister、big sister で、「妹」は younger sister、little sister となります。

We are a family of five.
我が家は 5 人家族です。☞five = five people

With one dog and two cats, we are a family of eight.
1匹の犬と2匹の猫を加えると、我が家は8人です。

My family consists of my father, mother, my brother, my sister, and myself.
我が家は父、母、私、それに兄と姉がそれぞれ1人です。

I have a father, a mother, two younger sisters, and one older sister.
私には父、母、それに2人の妹と1人の姉がいます。

I have one brother who lives in Tokyo away from us.
私には私たちと離れて東京で暮らしている兄が1人います。

I have an older sister who is studying at a university in New York.
私にはニューヨークの大学に留学中の姉が1人います。

Everyone in my family is female except my father.
= My family is all women except my father.
父を除くと我が家は全員女性です。

29 何人家族

I_085

How many people are there in your family?
ご家族は何人ですか？

Do you have siblings?
ご兄弟はいらっしゃいますか？

Where does your family live?
ご家族はどこにお住まいですか？

Do you live with your family?
ご家族と一緒にお住まいですか？

Do you live away from your family?
あなたはご家族と離れてお住まいですか？

Don't you feel lonely living away from your family?
ご家族と離れて生活していて寂しくないですか？

30 子ども

🔊 I_086

I have two children.
私には 2 人の子どもがいます。

I have a boy and a girl.
男の子が 1 人、女の子が 1 人います。

I have a 10-year-old boy and an 8-year-old girl.
10 歳の男の子と 8 歳の女の子がいます。

I have two college-age children.
私には 2 人の大学生の子どもがいます。☞college-age = college-aged

I have a boy in high school and a girl in middle school.
私には高校生の男の子と、中学生の女の子がいます。

I have one son who is studying at an American university.
私にはアメリカの大学で勉強している息子が 1 人います。

I have a son who lives happily with his family in Hawaii.
私には家族と幸せにハワイで暮らしている息子がいます。

I have no children.
私に子どもはいません。

子どもに関する質問

🔊 I_087

Do you have children?
お子さんはおられますか？

How many children do you have?
お子さんは何人おられますか？

How are your children doing?
お子さんはどうしておられますか？

You are lucky to have such a fine child, aren't you?
立派なお子さんをお持ちでいいですね？

You must be worried about your children, right?
さぞかしお子さんのことが心配でしょう？

31 両親

健在です

🔊 I_088

I live with my parents.
私は両親と一緒に暮らしています。

My parents are alive and well.
私の両親は健在です。

My parents are still working.
私の両親はまだ働いています。

My parents are working hard.
= My parents are working hard at their jobs.
私の両親は仕事に励んでいます。

My parents live well in the country.
私の両親は田舎で元気に暮らしています。☞live well「裕福に暮らす、健康的に暮らす」

My parents are enjoying life.
私の両親は人生を楽しんでいます。

My parents lead a busy life in the city.
私の両親は都会で忙しい人生を送っています。

My parents are getting old but still healthy.
私の両親は歳をとりましたが、まだ元気です。

My parents are getting older and weaker.
私の両親は歳を取り、体も弱ってきました。

いない

🔊 I_089

My parents died when I was little.
私の両親は私が小さい時に亡くなりました。

My parents died in an accident when I was very young.
両親は私が幼い頃、不慮の事故で亡くなりました。

I was raised by my grandparents.
私は祖父母に育てられました。

My grandfather is 80 years old and still in good health.
私の祖父は 80 歳ですが、いまだ元気です。☞in good health = healthy

父親

🔊 I_090

My father is a workaholic. = My father lives for his work.
父は仕事人間です。

My father works hard for us.
父は私たちのために一生懸命働いています。

My father is very busy at work and always comes back home late at night.
父は仕事がとても忙しく、いつも夜遅く家に帰ってきます。

My father lives for his work and hobbies.
父は仕事に趣味に生きています。

My father lives separately from our family at his new workplace in Osaka.
父は単身赴任で大阪で生活しています。

My father comes home to our house only once a month.
父は 1 か月に一度だけ私たちの家に帰ってきます。

My father is a family man. = My father is family-oriented.
私の父は家族思いです。

My father would do anything for us.
私の父は私たちのために何でもしてくれます。

My father is a reliable person I can turn to for anything.
= My father is a reliable person whom I can consult for anything.
私の父は何でも相談できる信頼できる人です。

I can talk to my father about anything.
私は父に何でも相談できます。

I love my father.
私は父が大好きです。

I am a daddy's girl.
私はパパっ子です。☞daddy's girl → daddy's boy

My father is my ideal father figure.
父は私の理想の父親像です。

I would like to marry someone like my father.
私は父のような人と結婚したいと思います。

コメント

oriented が「〜指向の、〜を重視する」を意味することから family-oriented は「家族指向の、家族的な、家庭的な」を意味して、He is a family-oriented person.（彼はマイホーム主義者です）、This is a family-oriented restaurant.（ここは家族向けのレストランです）、I never miss family-oriented TV programs.（私は家族向けの TV 番組は決して見逃しません）のように使われます。

母親

🔊 1_091

I am a mama's boy.
僕はママっ子です。

My mother and I are like sisters.
母と私は姉妹みたいです。

My mother looks so young that people sometimes mistake us for sisters.
= My mother looks so young that sometimes we are mistaken for sisters.
母はとても若く見えるので、私たちはときどき姉妹に間違えられます。

My mother and I go shopping together and go out to eat together.
母と私は一緒に買い物に行ったり、食事に出かけたりします。

I always talk to my mother about my problems.
私は悩み事をいつも母に相談します。

Whenever I have a problem, I always consult my mother.
悩み事があるときはいつも母に相談します。

I talk to my mother about things that are difficult to discuss with my father.
私は父に相談しにくいことは母に話します。

My mother is always there to counsel me.
＝ My mother is always available for my advice.
母はいつも私の相談に乗ってくれます。☞counsel「相談する、助言する」 ☞be available「対応できる」

I am always glad I am my mother's daughter.
私はいつも母の娘で良かったと思っています。

My mother has worked very hard to raise me so far by herself.
これまで母は私を１人で一生懸命働いて育ててくれました。

I have a lot of respect for my mother.
=I respect my mother very much.
私は母をとても尊敬しています。

When I get married and have children, I want to be like my mother.
結婚して子どもができたら、私は母のようになりたいと思います。

コメント

available は「手に入る、空いている」など、幅広い意味で頻繁に使われる便利なことばです。たとえば物については This book is available at the bookshop around the corner.（この本はあの街角の本屋で買えるよ）とか Is Wi-Fi available in this room?（この部屋は Wi-Fi が使えますか？）のように「入手できる、利用できる」、ホテルやアパートなどでは Do you have a room available for tonight?（今夜、部屋は空いていますか？）、This apartment is available after August 1.（このアパートは 8 月 1 日から入れます）、電話や会議などの場合は Is Mr. Yamada available?（山田さんはいらっしゃいますか）とか、I am available for this meeting.（この会議には出られます）といった具合です。また、忘れてならないのは、日常生活の中で最も頻繁に使われる available で、Are you available right now?（今、手が空いていますか？）、I'm not available now.（今は手が空いていません）、I am available tomorrow morning.（明日の朝は空いています）のように「手が空いている、応対できる、会うことができる、話す時間がある」といった意味で使われる場合です。

母子家庭

I_092

My parents divorced when I was five years old.
両親は私が 5 歳のときに離婚しました。

My family is just my mother and me.
我が家は母と私だけです。

My mother raised me all by herself.
母は私を 1 人で育ててくれました。

My mother had to work hard to raise me all by herself.
母は大変苦労して私を 1 人で育ててくれました。

I have nothing but words of gratitude for my mother.
私は母には感謝の言葉しかありません。

父子家庭

🔊 I_093

I have no mother. = I don't have a mother.
私には母がいません。

My mother died soon after I was born.
私の母は私が生まれて間もなく亡くなりました。☞soon = shortly

I don't remember my mother's face.
私は母の顔を覚えていません。

My father did everything he could for me.
父は私のためにできる限りのことをしてくれました。

Since I was 3 years old, my father alone raised me with great care.
私が 3 歳の時から父は私を 1 人で大切に育ててくれました。
☞my father alone raised me with great care → my father has been raising me with great care

---

義理の母

🔊 I_094

When I was five years old, my father remarried and I was raised by my stepmother.
私が 5 歳の時、父が再婚したので、私は継母に育てられました。☞stepmother → 父の再婚による母親。自分の結婚による配偶者の母親、つまり「義理の母」は mother-in-law。

My stepmother raised me as if I were her own child.
継母は私を実の子のように大切に育ててくれました。

コメント

We need to act in law.（私たちは法律に従って行動する必要がある）からもわかり通り in law は「法律に基づいて、法律に従って、法律上の」の意。そこから名詞としての in-law が結婚によって親族となったことをいう「姻戚、姻族、義理の両親」を意味して They are my in-laws.（彼らは私の義理の両親です）のように使われます。また接尾辞 -in-law として father-in-law（義理の父）、mother-in-law（義理の母）、daughter-in-law（義理の娘）、son-in-law（義理の息子）といった具合に「義理の」の意味を表して用いられます。

32 両親について

🔊 I_095

Are your parents alive and well?
ご両親はご健在ですか？

Where do your parents currently reside?
= Where do your parents live now?
ご両親は現在、どこにお住まいですか？

Who do you love more, your father or your mother?
あなたは父と母の、どちらがより好きですか？

How do you feel about your parents?
あなたはご両親をどう思っていますか？

Tell me about your relationship with your parents.
あなたとご両親の関係について教えてください。

33 兄弟・姉妹

🔊 I_096

We are three siblings.
私たちは 3 人兄弟です。☞sibling「兄弟、兄弟姉妹」

I have one sister and one brother.
私には姉が 1 人、兄が 1 人います。

兄弟

🔊 I_097

My brother is 5 years older than me.
兄は私より 5 歳年上です。

My brother is very reliable for me.
= My brother is very supportive of me.
兄は私にとってとても頼りになります。☞reliable for me = reliable to me

My brother is social, but I am introverted.
兄は社交的ですが、私は内向的です。

I am the opposite of my brother in personality.
私は兄と性格が正反対です。

姉妹

🔊 I_098

We are four sisters and I am the oldest.
私たちは 4 人姉妹で、私が一番年上です。

I am the eldest daughter. = I am the oldest daughter.
私は長女です。

My sister is two years younger than me.
妹は私より 2 歳年下です。

I am the second daughter.
私は次女です。

I am the youngest of the three sisters.
私は 3 人姉妹の末っ子です。

I am the youngest in my family.
私は家族の中で一番年下です。

We are twins.
私たちは双子です。

My sister is serious, but I guess I am not.
姉は真面目ですが、私はそうではないかも。

兄弟仲

🔊 I_099

We often fight.
私たちはよくケンカをします。

All of us siblings are very close.
私たち兄弟はみんな仲良しです。

We have never had a fight.
私たちは一度もケンカをしたことがありません。

We quarrel from time to time, but we make up quickly.
私たちはときどきケンカをしますが、すぐに仲直りします。
☞from time to time ＝ sometimes　☞make up「（喧嘩の）仲直りをする」

兄弟姉妹はいない

🔊 I_100

I have no brothers or sisters.
私には兄弟、姉妹はいません。☞or ＝ nor

I am an only child.
私は一人っ子です。

I have no siblings and I am lonely.
私は兄弟がいないので、寂しいです。

I am an only child and would like to have an older brother or sister.
私は一人っ子なので兄か姉が欲しいです。

I have always wanted a sibling I could talk to.
私は相談できる兄弟が欲しいとずっと思っています。

I am thinking how much fun it would be if I had a brother or sister.
もし兄か姉がいたら、どんなに楽しいだろうと思っています。

I have no siblings, but I do have one pet dog and one cat.
私に兄弟はいませんが、ペットの犬が１匹と猫が１匹います。

***Pochi* the dog is my brother and Mary the cat is my sister.**
犬のポチは私の弟で、猫のメアリは私の妹です。

Pochi **the dog and Mary the cat are like my siblings.**
犬のポチと猫のメアリは私の兄弟姉妹のような存在です。

---

34 兄弟姉妹について

🔊 1_101

How many siblings do you have?
= How many brothers and sisters do you have?
あなたは何人兄弟ですか？

Are you close with your siblings?
= Are you and your siblings close?
兄弟仲はいいですか？

Do you and your siblings ever quarrel?
兄弟ゲンカをすることはありますか？

What do you and your siblings do after a fight?
兄弟ゲンカの後はどうしますか？

Do you want a sister?
姉妹が欲しいですか？

How many sisters do you want?
何人姉妹が欲しいですか？

If you had a brother, what would you want to do with him?
もし兄弟がいたら、一緒に何をしたいですか？　☞brother → sister　☞him → her

What does your pet dog mean to you?
あなたのペットの犬はあなたにとってどんな存在ですか？

応用してみよう

好きな個所、自分に適した文を選び組み合わせてみましょう。

ショートスピーチ編

1

🔊 I_102

We are a family of four: father, mother, myself, and one brother. I live with my parents in the suburbs of Nagoya, but my brother, who is three years older than me, lives in Tokyo and is studying Business Administration at ABC University. I am now a senior in high school and would like to attend the same university as my brother to study Law after I graduate from this high school next year.

我が家は父、母、私、それに兄１人の４人家族です。私は両親と名古屋の郊外に住んでいますが、私より３歳年上の兄は東京に一人住まいで、ABC 大学で経営学を勉強しています。現在、私は高校３年ですので、来年、今の高校を卒業したら兄と同じ大学へ行って法律を勉強したいと思っています。

2

🔊 I_103

I love my parents, especially my mother. She looks so young that she is sometimes mistaken for my sister. We go shopping together and out to eat together. Whenever I encounter a problem, I talk to my mother. In fact, my mother is a friend I can count on. She is more important than anyone else, and is irreplaceable. I am grateful to be the daughter of such a woman.

【irreplaceable　かけがえのない、代わりが効かない】

私は両親、特に母が大好きです。母はとても若く見えるので、時々、私の姉に間違えられます。私たちは一緒に買い物に行ったり、食事に出かけたりします。私が問題に遭遇するといつも母に相談します。実際、母は頼りになる私の友人でもあるのです。母は誰よりも大切な、そしてかけがえのない人です。私はそんな母の娘で本当に良かったと感謝しています。

3

🔊 I_104

I am a daddy's girl. My parents divorced when I was five. Since then, my father has worked very hard to raise me all by himself. I can't even imagine how difficult it must have been for a single man to raise a child. My father sacrificed much to raise me; he not only sent me to college but also supported my studies in the United States. I am proud of such a father and respect him infinitely. Thank you so much, father.

私はパパっ子です。私の両親は私が 5 歳の時に離婚しました。それ以来、父は懸命に働いてたった一人で私を育ててくれたのです。男手一つで子どもを育てることがどんなに難しかったか私には想像すらできません。父は多くを犠牲にして私を育ててくれたのです。私を大学に行かせてくれたばかりか、アメリカ留学も支援してくれました。私はそんな父を誇りに思うと同時に限りなく尊敬しています。ほんとうにありがとう、パパ。

会話編

1

🔊 I_105

A: Do you have a family?

B: Yes, I do.

A: How many people are there in your family?

B: There are three people in my family; my mother, my father, and me.

A: ご家族はおありですか？

B: はい、います。

A: ご家族は何人ですか？

B: 我が家は母と父、それに私の 3 人です。

2

🔊 I_106

A: My family consists of my father, mother, a sister, and me.

B: Do you live with your family?
A: No, they live in Hokkaido.
B: Don't you feel lonely living away from your family?
A: Not a bit. I've gotten used to living alone now.

A: 我が家は父、母、妹、それに私です。
B: ご家族と一緒にお住まいですか？
A: いえ、みんなは北海道に住んでいます。
B: ご家族と離れて生活されていて寂しくありませんか？
A: ちっとも。もう独りの生活になれましたから。

3

I_107

A: Do you have any siblings?
B: Yes, I do. I have two sisters.
A: And you are the eldest sister?
B: How did you know?
A: I inferred from your statements and actions that you are the eldest.

【infer（見聞きしたことから）推察する、推測する】

A: ご兄弟はおありですか？
B: はい、います。姉妹が 2 人。
A: で、あなたが長女ですね？
B: どうしてわかったのですか？
A: あなたの発言や行動からあなたが一番上だと推察しました。

4

I_108

A: All of us siblings are close.
B: You've never had a fight?
A: No, we do have disagreements from time to time. However, we usually make up quickly. How about your family?
B: I have no brothers or sisters. I am an only child.

【make up 仲直りする】

A:　僕たち兄弟は皆仲がいいんだ。
B:　一度も喧嘩をしたことがないの？
A:　ないね、ときどき意見の対立はあるけど。とはいえ、大抵すぐに仲直りするね。君の家族はどう？
B:　私には兄弟も姉妹もいないの。私、一人っ子なんだ。

5

I_109

A: I am the opposite of my brother in personality.
B: How are you different from your brother?
A: My brother is outgoing, but I am introverted.
B: You are just like us sisters. However, I am social, while my sister, who is two years older than me, is introverted.

A:　僕は兄とは性格が正反対なんだ。
B:　お兄さんとどう違うの？
A:　兄は社交的だけど、でも僕は内向的。
B:　私たち姉妹みたいね。とはいえ、私が社交的で、私より 2 歳上の姉は内向的だけど。

6

I_110

A: I've heard you are a mama's girl.
B: That's true. My mother and I often go shopping together and have meals at restaurants.
A: What else do you two enjoy doing together?
B: Whenever I encounter a problem, I always turn to my mother for advice.
A: It's quite evident that you have a strong affection for your mother.

A:　君はママっ子だって聞いたよ。
B:　そう。母と私はよく一緒に買い物に行ったり、レストランで食事をしたりするの。
A:　他には一緒にどんなことをして楽しんでる？
B:　私、問題に遭遇するといつも母に相談するんだ。
A:　君が母親に深い愛情を抱いていることは明々白々だね。

7

🔊 1_111

A: My father is the best in the world.

B: You love your father very much, don't you?

A: It's true. My family consists of just my father and me.

B: So, he raised you all by himself, right?

A: That's correct. I have nothing but words of gratitude for him.

A: 私の父は世界一よ。

B: 君はお父さんをすごく愛してるんだね？

A: そうよ。うちの家族は父と私だけなの。

B: すると、お父さん独りで君を育てたわけだ？

A: そうなの。私、父には感謝の言葉しかないわ。

8

🔊 1_112

A: Do you have a pet?

B: Yes, I have two pets; a male dog and a female cat.

A: What do they mean to you?

B: Since I have no siblings, they are like my brother and sister.

A: ペット飼ってる？

B: ええ、ペットを２匹飼ってるわよ。オスの犬とメスの猫をね。

A: それらは君にとってどういう存在？

B: 私に兄弟姉妹はいないから、あの子たちが私の兄弟や姉妹みたいだな。

親族の語句

両親　parents　　片親　parent　　父親　father

母親　mother　　兄弟　brother(s)

兄　older brother/ elder brother/ big brother

弟　younger brother/ little brother　　姉妹　sister(s)

姉　older sister/ elder sister/ big sister

妹　younger sister/ little sister

双子　twins　双子の一方　twin

兄弟姉妹　siblings　☞性別、出生順に関係なく、同じ両親または片方の親から生まれた兄、弟、姉また妹を指すことば。

子ども　child/（2人以上）children

夫　husband　妻　wife　娘　daughter

息子　son　祖父母　grandparents

祖父母の1人　grandparent　祖父　grandfather

祖母　grandmother　曾祖父　great-grandfather

曾祖母　great-grandmother　孫　grandchild

孫息子　grandson　孫娘　granddaughter

叔父　uncle　叔母　aunt　甥　nephew

姪　niece　従妹　cousin

又従妹・又従兄弟　second cousin　親戚　relative

義親族（配偶者の親戚）　relative-in-law

家族　family　義家族（配偶者の家族）　family-in-law

再婚家族・複合家族　stepfamily　☞再婚によって血縁関係のない親子が存在する家族

義両親　parents-in-law　義父　father-in-law

義母　mother-in-law　義息子　son-in-law

義娘　daughter-in-law　義兄弟　brother-in-law

義姉妹　sister-in-law　義理の父（継父）　stepfather

義理の母（継母）stepmother　義理の姉・妹　stepsister

義理の兄・弟　stepbrother　異父姉妹 / 異母姉妹　half-sister

異父兄弟 / 異母兄弟　half-brother

35 学校

学生です

🔊 2_001

「私は学生です」を表す方法は I am a student.　以外にいくつかあります。

I am a student.
私は学生です。

I go to school.
私は学校に通っています。☞学生です。

I am in school.
私は在学中です。☞学生です。

I attend school.
私は学校に通っています。☞学生です。

I am enrolled in school.
私は学校に在籍しています。☞学生です。

「小学生、中学生、高校生、大学生などの学生です」とする場合も I am a ~ student. 以外に「I am in ＋学校」、「I go to ＋学校」、「I attend ＋学校」、学校に登録されていることを示す「I am enrolled in ＋学校」などの表現方法があります。

I am an elementary school student.
私は小学生です。

I'm an ABC Elementary School student.
＝ I'm a student at ABC Elementary School.
私は ABC 小学校の生徒です。

I am enrolled in elementary school.
私は小学校に在籍しています。

I go to junior high school.
私は中学生に通っています。

I go to ABC Junior High School.
私は ABC 中学に通っています。

I am enrolled in ABC Junior High School.
私は ABC 中学校に在籍しています。

I am in high school.
私が高校に在籍しています。

I attend ABC High School.
私は ABC 高校に通っています。

I am enrolled in ABC High School.
私は ABC 高校に在籍しています。

I attend college.
私は大学に通っています。

I attend ABC College.
私は ABC 大学に通っています。

I go to ABC College.
私は ABC 大学に通っています。

I am in ABC College.
私は ABC 大学に在籍しています。

I am enrolled in ABC College.
私は ABC 大学に在籍しています。

コメント

「〜学校の学生です」という場合は I am a student at ABC University.（私は ABC 大学の学生です）のように be a student at ABC School、また I'm a student of ABC University. のように be a student of ABC School ともします。be a student at ABC は ABC に在籍していることを表す表現で、be a student of ABC は ABC を強調したい場合やその学校の一員であることを示したいときに使われます。

ちなみに、アメリカでは小学生から大学生まで「生徒」を表す場合に student を使いますが、イギリスでは student は高校生と大学生に、小学生と中学生については通例 pupil が使われます。

36 学生ですか

相手が学生か、また、どこの学校に通っているかを質問することはよくあります。そんなときの表現は以下の通りです。ただし、個人的なことですから失礼な場合もありますので、ある程度仲が深まってから聞くのが無難です。

2_002

Are you a student?
あなたは学生ですか？

Are you a student or are you working?
あなたは学生ですか、それとも働いていますか？

Are you a college student?
あなたは大学生ですか？

Are you a high school student or a college student?
あなたは高校生ですか、大学生ですか？

Are you enrolled in college?
あなたは大学に在籍していますか？

Are you studying at an educational institution?
あなたは教育機関で勉強していますか？

Are you still in academic studies?
あなたはまだ学業中ですか？

What school do you attend?
どの学校に通っていますか？

Which school do you attend?
どちらの学校に通っていますか？

Where do you study?
どこで勉強していますか？

What level of education are you currently in?
現在どの学年にいますか？　☞level of education は在籍している学年や修士課程、博士課程といった教育水準を言います

Do you attend classes?

授業に出席していますか？

コメント

What school do you attend? は、どの学校に通っているかを尋ねる質問で、Which school do you attend? は特定の選択肢の中から通っている学校を尋ねるときのもの。なお、attend は go to に置き換えても同じです。

学校の語句

保育園　nursery school / daycare center
幼稚園　preschool/ kindergarten

学校　school
私立学校　private school　公立学校　public school
国立学校　national school　県立学校　prefectural school
市立学校　city school/ municipal school
都立学校　prefectural school in Tokyo Metropolitan Area
道立学校　prefectural school in Hokkaido
府立学校　prefectural school in Osaka/ prefectural school in Kyoto
男子校　boys' school　女子校　girls' school
共学　coeducational school
大学付属校　university-affiliated school/ school attached to the university
定時制の学校　night school/ evening school
定時制高校　evening high school/ night high school
通信制の学校　correspondence school/ distance education（遠隔教育）/ distance learning（遠隔教育）

小学校　elementary school/ grade school/ primary school/ grammar school（米稀）

中学校　junior high school/ middle school/ secondary school（「中等学校」中等教育を提供する学校で、中学・高校がこれにあたる。通例、9～12学年のhigh schoolを指すが、Junior high schoolを含めた7～12学年を指すこともある）

高等学校　high school/ senior high school
商業高校　commercial high school　工業高校　industrial high school
農業高校　agricultural high school　水産高校　fisheries high school

短期大学　junior college　単科大学　college
総合大学　university（ただし、collegeもuniversityもその区別は必ずしも明確ではない）
大学院　graduate school
コミュニティカレッジ　community college（アメリカの公立の2年生大学）

専門学校　vocational school / career college/ professional training college
高等専門学校　technical college / higher professional school / specialized vocational high school
各種学校　miscellaneous school　美容学校　beauty school
技術専門学校　engineering school　美術学校　art school
特別支援学校　special school/ special-needs school/ specialized school
養護学校　school for disabled children / school for handicapped children/ school for the disabled
聾学校　school for the deaf
盲学校　school for the blind/ school for the visually impaired
夜間学校　evening school

学生　student　幼稚園児　kindergartener
小学生　primary school student/ elementary school student
中学生　middle school student/ junior high school student
高校生　high school student/ senior high school student
大学生　college student/ university student
大学院生　graduate student

男子学生	boy student/ male student
女子学生	girl student/ female student
留学生	foreign student/ international student/ overseas student/ exchange student
奨学生	scholarship student/ student on a scholarship

37 学年を表す場合

学年を表す場合はいくつかの言い方があります。

中学校

2_003

I'm a first-year junior high school student.
私は中学 1 年生です。☞first-year、first year どちらも使用可。ただし、アメリカではハイフン入り、イギリスではハイフン無しがよく用いられる。

I'm in my first year of ABC Junior High School.
私は ABC 中学の 1 年に在籍しています。☞my first → the first

I am a first year student in ABC Junior High School.
私は ABC 中学校の 1 年生です。☞「2 年生」は second year、「3 年生」は third year

高等学校

2_004

I am a freshman in high school.
= I am a first-year high school student.
私は高校 1 年生です。

I'm a second-year high school student.
私は高校 2 年生です。

I'm in my second year of ABC High School.
私は ABC 高校 2 年に在籍しています。☞my second → the second

I'm a sophomore in high school.
私は高校 2 年生です。

I'm a third-year high school student.
= I'm a senior in high school; I am in my last year of high school.
私は高校 3 年生です。

大学

🔊 2_005

I'm a freshman in college. = I am a first-year college student.
私は大学 1 年生です。☞college=university

I am in my first year of ABC University.
私は ABC 大学の 1 年生に在籍しています。

I'm a sophomore in college. = I am a second-year university student.
私は大学 2 年生です。

I'm in my second year of ABC University.
私は ABC 大学の 2 年に在籍しています。

I'm a third-year university student.
私は大学 3 年生です。

I'm in my third year of ABC University.
私は ABC 大学の 3 年に在籍しています。☞my first → the first

I'm a junior in college.
私は大学 3 年です。

I'm a fourth-year university student.
私は大学 4 年生です。

I'm in my fourth year of ABC University.
私は ABC 大学の 4 年です。

I'm a senior in university.
私は大学 4 年です。

コメント

in my first year of ABC と in the first year of ABC は基本的には同じですが微妙なニュアンスの違いがあります。in the first year of ABC は話し手が「ABC の 1 年目の学生」であることを伝えていますが、必ずしも「1 年生」であるわけではありません。一般的に、話し手自身が「1 年生」であることを明確に示す場合は in my first year of ABC とするのが適切です。このことは in my second year of ABC、in my third year of ABC、in my fourth year of ABC についても同様です。

学年の語句

学年を表す場合は序数が使われます。

小学校

1 年	first year/ first grade	2 年	second year/ second grade
3 年	third year/ third grade	4 年	fourth year/ fourth grade
5 年	fifth year/ fifth grade	6 年	sixth year/ sixth grade

中学校

1 年	first year/ first grade	2 年	second year/ second grade
3 年生	third year/ third grade		

高等学校・大学

1 年	first year/ freshman（freshman は 4 年生の高校、大学の場合で、小学校・中学校では使わない）		
2 年	second year/ sophomore	3 年	third year/ junior
4 年	fourth year/ senior		

38 学年を尋ねる

相手の進学状況や自分と同学年かどうか気になったりすることがありますね。そんなときの学年を尋ねる表現は以下の通りです。

🔊 2_006

What grade are you in?
何年生ですか。

What grade are you in at school?
学校の何年生ですか？

What is your current grade level?
現在の学年は何ですか？

What grade are you in at junior high school?
中学何年生ですか。

What year are you in?
何年生ですか？

Which grade are you in?
何学年ですか？

What year are you in at high school?
高校何年生ですか？

What year are you in at university?
大学何年生ですか？

What year of university are you in?
大学何年生ですか？

What year of study are you in at university?
大学の何年生ですか？

What is your current year at university?
現在、大学何年生ですか？

39 学部

学部を言い表す英語はFaculty of Foreign Language Studies（外国語学部）のように、Faculty of ~の他にSchool of ~、College of~が使われます。なお、学科の場合は、I am studying modern literature in the Japanese Department.（私は日本語学科で現代文学を勉強しています）のように、一般的にDepartmentが使われます。

🔊 2_007

I am a student in the Faculty of Economics.
= I am an Economics student.; I'm a student of Economics.
私は経済学部の学生です。☞専門用語とみなされる場合は一般的に大文字で始める。

I am a student of law at ABC University. = I'm a law student at ABC University. ; I am a student in the Faculty of Law at ABC University.
私は ABC 大学法学部の学生です。

I study at ABC University's law school in Tokyo.
= I'm studying at ABC University's Law School in Tokyo.
私は東京の ABC 大学法学部で学んでいます。

I am a first-year medical student at ABC University.
私は ABC 大学医学部の 1 年です。

I studied in the Social Studies Department at ABC University. = I majored in Social Studies at ABC University.
私は ABC 大学の社会学部で勉強しました。

I want to study American film in the Faculty of Arts at ABC University.
私は ABC 大学の芸術学部でアメリカ映画を学びたいと思っています。

I plan to study English next year at ABC University in the School of Intercultural Communication.
私は来年 ABC 大学の異文化コミュニケーション学部で英語を勉強するつもりです。

40 何学部ですか

相手の学部を知ることで共通の興味や話題を見つけることができます。また、質問者が相手の学部に関する知識を持っていれば、会話が弾むことはもちろん、深い議論や人間関係の構築に大いに役立つかも知れません。

🔊 2_008

What faculty are you a student of?
= What faculty are you a student in?
何学部の学生ですか？

What faculty are you currently enrolled in?
現在、何学部に在籍していますか？

Which department are you currently studying in?
現在、どの学科で学んでいますか？

What is your major?
専攻は何ですか？

What is your area of study?
研究対象は何ですか？

What field are you studying?
どの分野を研究していますか？

What is your academic discipline?
学問の分野は何ですか？　☞discipline「（学問の）領域、分野、学科」

学部・学科の語句

学部や学科の英語による表記は大学により異なりますが、一般的な学部名とその英語表記は下記の通りです。

文学部　Faculty of Letters
外国語学部　Faculty of Foreign Language Studies
異文化コミュニケーション学部　Faculty of Intercultural Communication
人文学部　Faculty of Humanities
経済学部　Faculty of Economics
商学部　Faculty of Commerce
経営学部　Faculty of Business Administration
政治経済学部　Faculty of Political Science and Economics
会計学部　Faculty of Accounting
財政学部　Faculty of Public Finance
法学部　Faculty of Law
政策学部　Faculty of Policy Studies
教養学部　Faculty of Arts and Sciences
社会学部　Faculty of Sociology
教育学部　Faculty of Education
心理学部　Faculty of Psychology
観光学部　Faculty of Tourism
神学部　Faculty of Theology

文化人類学部　Faculty of Cultural Anthropology
芸術学部　Faculty of Arts

国際学部　Faculty of International Studies
国際文化学部　Faculty of International Communication
国際関係学部　Faculty of International Relations

福祉学部　Faculty of Welfare Studies
人間福祉学部　Faculty of Human Welfare Studies
スポーツ健康学部　Faculty of Health and Sports Science
体育学部　Faculty of Physical Education
人間科学部　Faculty of Human Sciences
人間環境学部　Faculty of Humanity and Environment
社会科学部　Faculty of Social Sciences

工学部　Faculty of Engineering
理工学部　Faculty of Science and Technology
理学部　Faculty of Sciences
建築学部　Faculty of Architecture
土木工学部　Faculty of Civil Engineering
情報学部　Faculty of Informatics
情報科学部　Faculty of Information Sciences
社会情報学部　Faculty of Social Informatics
環境情報学部　Faculty of Environment and Information Studies
生命科学部　Faculty of Bioscience and Applied Chemistry
農学部　Faculty of Agriculture
水産学部　Faculty of Fisheries Sciences
海洋学部　Faculty of Marine Science and Technology

医学部　Faculty of Medicine
薬学部　Faculty of Pharmacy
歯学部　Faculty of Dentistry
看護医療学部　Faculty of Nursing and Medical Care

41 専攻

就職活動においては言うまでもなく、さまざまな状況で大学において何を学んでいるか、どのような研究をしているかを話す機会は多いと思います。そこで、ここでは専攻に関するいくつかの表現を取り上げてみましょう。

2_009

I major in Economics.
私は経済学を専攻しています。

I'm majoring in International Law.
私は国際法を専攻しています。

I'm majoring in Psychology at ABC University.
私は ABC 大学で心理学を専攻しています。

I majored in Physics in college.
私は大学で物理学を専攻しました。

My major is Political Science.
私の専攻は政治学です。

My major was Spanish at ABC University.
ABC 大学での私の専攻はスペイン語でした。

I'm a student of ABC University Majoring in Computer Science.
私は ABC 大学の学生で情報工学を専攻しています。

I'm studying English literature in college.
私は大学で英文学を勉強しています。

I studied English in the Faculty of Letters of ABC University.
私は ABC 大学の文学部で英語を勉強しました。

副専攻

2_010

I minor in Electronics.
私の副専攻は電子工学です。

I studied Economics as a minor at ABC University.
私は ABC 大学で副専攻として経済を勉強しました。

I chose to minor in Chemistry at ABC College.
私は ABC 大学で化学を副専攻に選びました。

ゼミナール

2_011

I am currently a member of the Business Administration Research Seminar.
私は現在、経営学研究のゼミナールに所属しています。

I am a member of a seminar on International Relations at ABC University and am researching US-Japan relations.
私は ABC 大学で国際関係のゼミナールに所属して日米関係の研究をしています。

I was a member of a seminar group that focused on studying American literature.
私はアメリカ文学の研究に焦点を当てたゼミナールに所属していました。

I was studying Hollywood films in the Film Studies Seminar.
私は映画研究ゼミナールでハリウッド映画を研究していました。

コメント

major in~ は「～を専攻する」、minor in~ は「～を副専攻する、～を副専攻科目に選ぶ」の意を表して使います。過去のことを言う場合はそれぞれ S ＋ majored in~、S ＋ minored in~ です。なお、major in~ に代わって study~ を使うこともできます。

ところで、現在形の I major in~ はより一般的な状況や状態を表し、進行形の I'm majoring in~ は、I'm majoring in Business Administration this semester.（今学期は経営学を専攻しています）のように具体的な時点や期間を強調するのに適した表現で、基本的にはほぼ同じ、日常会話や文章ではほぼ同等に使われます。

42 専攻を尋ねる

🔊 2_012

What is your major?
あなたの専攻は何ですか？

What is your field of study?
あなたの研究分野はなんですか？

What is your area of specialization?
あなたの専門分野は何ですか？

Can you tell me about your academic focus?
専攻のテーマについて教えてくれますか？　☞academic focus「学術的な焦点」

What did you major in at university?
= What was your major in college?
大学では何を専攻しましたか？

What did you mainly study when you were a student?
学生時代には主に何を勉強しましたか？

副専攻

🔊 2_013

Do you have a minor?
副専攻はありますか？

What is your minor?
副専攻は何ですか？

What did you minor in at college?
大学では何を副専攻しましたか？

What was your minor at ABC University?
ABC 大学では何を副専攻しましたか？

ゼミナール

🔊 2_014

Are you a member of a seminar?
あなたはゼミナールに所属していますか？

What kind of seminar are you a member of at ABC University?
ABC 大学ではどういったゼミナールに所属していますか？

What is your research topic in the seminar?
ゼミナールでの研究テーマは何ですか？

What did you study in the seminar at ABC University?
ABC 大学のゼミナールでは何を研究されましたか？

43 入学・卒業

進学する

🔊 2_015

I'm going to college.
私は大学に進学します。

I'm currently studying to go to college.
= I'm currently studying for college.
現在、大学進学のために勉強中です。

My first choice of university is ABC University.
= My first choice is ABC University.
私の第一志望の大学は ABC 大学です。

I'm studying hard for admission to ABC University.
= I'm studying hard to enter ABC University.
ABC 大学へ入学するために猛勉強しています。

合格・不合格

🔊 2_016

I was accepted to ABC University after intense study.
猛勉強の末、ABC 大学に合格しました。☞be accepted to~ = get into ~

I was unfortunately rejected by ABC University.
残念ながら、ABC 大学は不合格でした。

入学

🔊 2_017

I entered college in 2023.
私は 2023 年に大学に入学しました。

I entered the College of Business Administration at ABC University.
私は ABC 大学の経営学部に入学しました。

卒業

🔊 2_018

I graduated from college in 2024.
私は 2024 年に大学を卒業しました。☞college → high school

I graduated from ABC University in 2024 with a Bachelor of Arts degree.
= I graduated from the Department of Literature at ABC University in 2024.
私は 2024 年に ABC 大学の文学部を卒業しました。☞Bachelor of Arts degree「文学士の学位」 ☞with a Bachelor of Arts degree → with a Bachelor of Science degree「理学士号を持って、理学部を」→ with a degree in engineering「工学の学位を持って、工学部を」

その他

🔊 2_019

I am on a leave of absence from college.
= I am on leave from the university.
私は大学を休学中です。

I dropped out of college.
私は大学を中退しました。☞drop out of~「～を中退する、～から落ちこぼれる」

I flunked out of college.
私は大学を退学しました。☞flunk out of~「～を退学する、～を落第する」 ☞試験の点数や取得単位が要求された基準に満たないために退学させられることをいう。

志願

🔊 2_020

Which university would you like to enroll in?
= Which college would you like to attend?
どの大学に入学したいですか？ ☞university → high school

Which university would you like to study at?
どの大学で学びたいですか？

Which university are you applying to?
= Which university are you interested in applying to?
志願大学はどこですか？

学びたいこと

🔊 2_021

What do you want to study at university?

= What would you like to study in college?

大学では何を学びたいですか？

What do you plan to major in at college?

大学では何を専攻するつもりですか？

入学した年

🔊 2_022

In what year did you enter college?

= In what year did you enroll in college?

大学には何年に入学しましたか？

卒業

🔊 2_023

When will you graduate from college?

いつ大学卒業の予定ですか？

When did you graduate from college?

いつ大学を卒業しましたか？

応用してみよう

好きな個所、自分に適した文を選び、組み合わせてみましょう。

ショートスピーチ編

1

🔊 2_024

I am a student. I am a senior at ABC High School, which is a private school in Tokyo. I am currently studying to get into college. My first choice is, of course, ABC University. If accepted to the university, I would like to major in Business Administration.

僕は学生です。東京の私立高、ABC 高校の 3 年です。現在、大学入試の勉強中です。

第一志望は、もちろん、ABC 大学で、もし同大学に合格したら、経営学を専攻したいと思っています。

2

🔊 2_025

I am a freshman at ABC University. I was accepted to the university after intense studying. Currently, I am majoring in English in the Faculty of Letters, and I am also a member of a seminar focused on International Relations, where I am researching US-Japan relations. After I graduate from the university, I plan to pursue further studies at a graduate school in Los Angeles.

私は ABC 大学の 1 年生です。猛勉強の末、同大学に合格しました。現在は文学部で英語を専攻しており、また国際関係に焦点を当てたゼミナールのメンバーとして日米関係を研究しています。同大学卒業後は、ロサンゼルスにある大学院でさらなる研究を続ける予定です。

3

🔊 2_026

After graduating from ABC High School in Osaka, I enrolled in the College of Business Administration at ABC University, which was my first-choice university in Tokyo. I focused on business strategy and selected English as my minor. Additionally, during my third year I joined the Business Administration Research Seminar where I investigated challenges related to the overseas expansion of companies. I graduated with honors from the university in 2024.

【overseas expansion 海外進出、海外展開　challenge（能力を試される）課題、仕事
graduate with honors 優秀な成績で卒業する　☞一般に学部・専攻別のトップ 15%】

私は大阪の ABC 高校を卒業した後、東京にある第一志望の大学、ABC 大学の経営学部に入学しました。私はビジネス戦略を重点的に勉強し、副専攻として英語を選びました。加えて、3 年生の時、経営研究ゼミナールに参加し、企業の海外進出に関する課題について調査しました。2024 年に同大学を優秀な成績で卒業しました。

会話編

1

🔈 2_027

A: I'm a student.
B: What school do you go to?
A: I go to ABC High School.

A: 私は学生です。
B: 通っておられる学校は？
A: ABC 高校に通っています。

2

🔈 2_028

A: You are a student at ABC High School, correct?
B: Yes, that's correct. I am a student at ABC High School.
A: What year are you in at the school?
B: I am a senior.
A: Then you must be busy studying for your college entrance exams.
B: Absolutely. I'm currently studying hard.

【absolutely 完全に、まったく、もちろん】

A: あなたは ABC 高校の生徒ですよね？
B: はい、そうです。ABC 高校の生徒です。
A: 何年生ですか？
B: 3 年です。
A: じゃあ大学入試の勉強で忙しいですね。
B: もちろん。今、猛勉強中です。

3

🔈 2_029

A: I heard you were accepted to ABC University.
B: Yes, I was. I got accepted to both ABC University and EFG University.
A: Which university are you planning to enroll in?
B: I will definitely enroll in ABC University, which was my first choice.

A: ABC 大学に合格したってね。
B: ええ、そう。ABC 大学と EFG 大学、両方に合格したよ。
A: どっちの大学に入学するつもり？
B: もちろん第一志望だった ABC 大学に入学するわよ。

4

🔊 2_030

A: Are you a student or are you working?
B: I attend college.
A: Which college do you attend?
B: I attend ABC College.

A: 君は学生、それとも働いている？
B: 大学に通っているけど。
A: どこの大学に通ってるの？
B: ABC 大学です。

5

🔊 2_031

A: I'm a student at ABC University.
B: What is your current year at the university?
A: I'm a junior at the university.
B: Really? I'm in my third year at ABC University, too.

A: 私、ABC 大学の学生です。
B: 今、大学何年生ですか？
A: 大学 3 年です。
B: ほんと？私も ABC 大学の 3 年よ。

6

🔊 2_032

A: I'm enrolled in ABC University.
B: What's your major?
A: I major in Economics.

A: 私は ABC 大学に在籍しています。
B: 専攻は何ですか？
A: 経済学を専攻しています。

7

2_033

A: What do you want to study at university?
B: I want to study computer science.
A: Which university are you interested in attending?
B: I'm definitely interested in studying at ABC University in Tokyo.

A: 大学では何を勉強したい？
B: コンピュータサイエンスを勉強したいんだ。
A: 行きたい大学はどこ？
B: 是が非でも東京の ABC 大学で勉強したいのさ。

8

2_034

A: What faculty are you a student of?
B: I'm a student in the Faculty of Law.
A: That sounds interesting. Do you plan to become a lawyer in the future?
B: Yes, I am studying to become an international lawyer.

A: 何学部の学生ですか？
B: 法学部の学生です。
A: それは興味深いな。将来は弁護士ですか？
B: ええ、国際弁護士を目指して勉強しています。

9

2_035

A: What's your area of study?
B: I'm studying American films.
A: In the Faculty of Arts?
B: Right.

A: 君の研究分野は？
B: アメリカ映画を研究してるんだ。
A: 芸術学部で？
B: そう。

10

🔊 2_036

A: I entered college in 2020.
B: Which university did you enter?
A: I was enrolled at ABC University.
B: What did you major in at the university?
A: My major was Political Science, and I studied Economics as a minor. Furthermore, I was a member of a seminar group that focused on studying American literature.
B: When did you graduate from ABC University?
A: I graduated from the university in 2024 with a degree in Political Science.

A: 私は 2020 年に大学に入学しました。
B: どちらの大学に入られたのですか？
A: ABC 大学に入学しました。
B: 大学では何を専攻されましたか？
A: 私の専攻は政治学で、副専攻として経済を勉強しました。さらに、アメリカ文学研究を中心にしたゼミナールの一メンバーでした。
B: ABC 大学を卒業されたのはいつですか？
A: 2024 年に同大学の政治学士号を取得し卒業しました。

44 得意科目

得意な科目を紹介することで人々に自信と能力をアピールするとともに、コミュニケーションのきっかけとなるでしょう。また相手と共通するものがあれば、より深い会話や関係を築くことができるはずです。

得意です

🔊 2_037

コミュニケーション、言語、スポーツ、料理など日常的な分野で「得意である」や「上手である」という場合は「be good at ＋名詞・動名詞」です。なお、「一番得意です」とする場合は「be best at ＋名詞・動名詞」になります。

I'm good at English.
私は英語が得意です。

I'm good at Mathematics and Chemistry.
私は数学と化学が得意です。

I'm good at speaking English.
私は英語を話すのが得意です。

I'm good at studying.
私は勉強が得意です。

I'm good at making sweets.
私はお菓子作りが得意です。

I'm good at singing *enka*.
私は演歌が上手です。

I am best at English.
私は英語が一番得意です。

I am best at making plans. = I am best at planning.
私は計画を立てるのが一番得意です。

個々の領域や学科目に対する能力、専門知識を強調する際には be good in~ という表現が好まれますが、両者の違いは微妙で、交換可能です。

I'm good in languages.
私は言語が得意です。

I'm good in science.
私は科学が得意です。

I'm good in problem-solving.
私は問題解決が得意です。

物の扱いや人との関係、また社交的な側面に焦点を当てたものに I'm good with computers.（私はコンピュータが得意です）とか I'm good with names.（私は名前を覚えるのが得意です）、あるいは I'm good with children.（私は子どもたちと上手くやっていけます）、I'm good with large crowds.（私は大勢の人と接するのが得意です）のように be good with~ があります。

同様に、特定の活動やスキルの能力を持っていることを強調する際に使われる表現に「（経験や訓練によって）うまい、上手である」を意味する skill を使った have skills in~ と be skilled at ~ があります。

I have skills in communication.
私はコミュニケーションスキルを持っています。☞communication → writing「執筆」

I have skills in foreign languages.
私は外国語のスキルを持っています。

I have skills in programming.
私はプログラミングのスキルを持っています。

I have skills in data analysis.
私はデータ分析のスキルを持っています。

I have strong skills in it.
私はそれの強いスキルを持っています。

I'm skilled at playing the piano.
私はピアノが上手です。

I'm skilled at computer programming.
私はコンピュータプログラミングが得意です。

I'm skilled at public speaking.
私はパブリックスピーキングが得意です。

I'm skilled at dancing.
私はダンスがうまいです。

I'm skilled at negotiation.
私は交渉が得意です。

同じ意味を表す be skilled in~ もありますが、こちらはある分野や領域における優れた知識とか能力を持っていることを表現します。

I'm skilled in foreign languages.
私は外国語が堪能です。

I'm skilled in the field of IT.
私は IT の分野に精通しています。

I'm skilled in creating desserts.
私はデザート作りが得意です。

I'm skilled in martial arts.
私は武道に長けています。

また、同じく skill を使った表現に be skillful at~ と be skillful in~ があります。be skillful at~ はある特定のことに対して上手なことを表し、be skillful in~ はある分野全体にわたって優れた能力や知識を持っていることを表しますが、違いは微妙で、しばしば交換可能です。

I'm skillful at speaking multiple languages fluently.
私は複数の言語を流ちょうに話します。

I'm skillful at solving complex problems.
私は複雑な問題を解決することに長けています。

I'm skillful in painting pictures.
私は絵を描くのが得意です。

I'm skillful in negotiating business deals.
私はビジネスの交渉に長けています。

コメント

be skilled at~ と be skillful at~ は微妙なニュアンスの違いはあるものの、一般的には同義であり、日常の会話においてはほとんどの場合どちらを使用しても大差はありません。このことは be skilled in~ と be skillful in~ においても同様です。なお、その他、学業や仕事、能力などにおいて優れていることを表して I excel in English.（私は英語に優れています）、I excel in sports.（私はスポーツに秀でています）のように使われる excel in~（~ に優れている）があります。

強み

🔊 2_038

「強み」を言い表す語には日常的に使われる strength と、文書などで良く用いられる strong point があります。なお、「弱み」という場合には weakness、ならびに weak point です。

My strength is that I don't give up along the way.
私の強みは途中で諦めないことです。☞along the way「途中で、進行中に」

My strength is my ability to execute.
私の強みは実行力があることです。

One of my strengths is my ability to listen to others.
私の強みの一つは人の話を良く聞くことです。

Cooperating with people is my strength.
人と協力することが私の強みです。

弱み

🔊 2_039

My weakness is that I'm short-tempered.
私の弱点は短気だということです。

I have no weak point.
私に弱点はありません。

質問する

🔊 2_040

What are you good at?
あなたは何が得意ですか？

Tell me what you are good at.
あなたの得意なものを教えて。

Is there something you are good at?
何か得意なものはありますか？

What is your best subject?
あなたの一番得意な科目は何ですか？　☞one's best subject「一番得意な科目」

What subject are you best at?
あなたはどの科目が一番得意ですか？

Do you have any specialties?
あなたに何か得意なものはありますか？
☞specialty「得意、十八番、おはこ、お手のもの」

What do you excel in?
あなたは何に優れていますか？

What are you skillful at? = What are you skilled at?
あなたは何に長けていますか？

What skills do you have?
あなたにはどんなスキルがありますか？

What are your strengths?
あなたの強みは何ですか？

What do you think your biggest strength is?
あなたの一番の強みは何だと思いますか？

45 不得意

不得意を表す表現に「be bad at ＋名詞・動名詞」があります。これは be good at ~ の反対の意を表す be not good at ～と同じく「～が得意ではない、～が不得意である、～が苦手である」を意味する一般的な表現です。類似したものに be poor at ~ と be terrible at~ があり、前者は何かの能力やスキルが普通よりも低いことを指し、後者は能力やスキルが非常に低いレベルにあることを強調する言い回しです。

🔊 2_041

I'm not good at explaining things.
私は説明するのが得意ではありません。

I'm not good at making decisions.
私は決断を下すのが得意じゃないんです。

I'm poor at math.
私は数学が不得意です。

I'm poor at sports.
私はスポーツが苦手です。

I'm poor at cooking.
私は料理が全然ダメです。

I'm poor at planning ahead.
私は前もって計画することが苦手です。

I'm bad at figures. = I'm bad with numbers.
私は計算がすごく苦手です。☞前者は主にイギリス英語で、ビジネスなどの文脈で使用。後者は一般的な表現で、日常生活で使われます。

I'm bad at driving.
私は運転が下手くそです。

I've been bad at lying.
私は昔から嘘がつけません。

I'm terrible at dancing.
私はダンスがまったくダメです。

I'm terrible at drawing.
私は絵が全然ダメです。

I'm terrible at singing songs.
私は歌が超下手です。

質問する
2_042

What are you not good at?
不得意なものは何ですか？

What are your weaknesses?
あなたの弱みは何ですか？

Let me know if there is anything you are not good at.
苦手なものがあったら教えてね。

Are there any subjects you are not good at?
不得意な科目はありますか？

What subject are you poor at?
どの科目が不得意ですか？

Do you have any weak subjects?
苦手な科目はありますか？　☞one's weak subject「苦手な科目」

What do you find difficult to do?
何が難しいと感じていますか？

46 経験を積んでいる

経験を積んでいることを言い表したい場合は experience「経験する、体験する」を使った表現 be experienced in~ を使います。この言い回しは「経験がある、熟練している、お手のモノである」を意味して、ある分野やスキルに関する経験があることを強調して使われます。また、名詞の experience を使った have experience in~ がありますが、こちらはある分野やスキルの経験を持っていることを述べる表現です。

2_043

I'm experienced in all types of office work.
私はあらゆるタイプの事務業務の経験があります。

I'm experienced in customer service.
私は顧客サービスの経験があります。

I'm experienced in software development.
私はソフトウエア開発の経験があります。

I'm experienced in teaching English.
私は英語教育の経験があります。

I have experience in sales and marketing.
私は営業とマーケティングの経験があります。

I have experience in teaching.
私は教職の経験があります。

I have extensive experience in event planning.
私はイベントの計画に豊富な経験を持っています。

47 経験を尋ねる

経験があるかどうかを聞く表現は「以前に～したことがありますか」と尋ねる「Have you ＋過去分詞～ before?」と、ever「今までに、これまでに」を過去分詞の前に置いて、過去のあらゆる時点における経験を尋ねる「Have you ever ＋過去分詞～ ?」です。また、行ったことがあるかを尋ねるには Have you been to ～ before? と Have you ever been to ～ ? を使います。ちなみに、この質問に「イエス」の場合は Yes, I have. で、「ノー」の場合は No, I haven't. になります。

Have you tried *Natto* before?
以前に納豆を食べたことはありますか？

Have you ever studied Japanese?
今までに日本語を勉強したことはありますか？

Have you traveled abroad before?
以前に海外旅行をしたことはありますか？

Have you been to Kyoto before?
以前に京都へ行ったことはありますか？

Have you ever been to Australia?
これまでにオーストラリアへ行ったことはありますか？

コメント

「私は～したことがある」I have seen that movie.（その映画は観たことがある）のように「I have ＋過去分詞～」で、I have heard the story before.（以前にその話を聞いたことがある）のように最後に before（以前に）、I have met her once.（一度、彼女に会ったことがある）のように once（1 度）、twice（2 度）、three times（3 度）といった回数を表す語をつけて経験の意味合いを強調します。「～へ行ったことがある」とする場合は I have been to Hawaii.（ハワイに行ったことがあります）のように「I have been to~」になります。また、否定文の場合は I have never done this before.（これは一度もしたことがない）のように「I have never ＋過去分詞～」と、I have never been to England.（イギリスへ行ったことはありません）のように「I have never been to ～」です。ちなみに、経験を聞く際に過去形は使わないので注意してください。

応用してみよう

好きな個所、自分に適した文を選び、組み合わせてみましょう。

ショートスピーチ編

1

2_045

I am good at studying, especially in Mathematics, and I have strong skills in data analysis. Additionally, there is one strength I can be very proud of: I don't give up along the way. However, I also have my weakness, like anyone else. I am poor at sports.

【along the way 途中で、進行中に】

私は勉強、特に数学が得意で、データ分析に強いスキルを持っています。加えて、とても誇れる強みが一つあります。それは途中で諦めないことです。しかしながら、私も人並みに弱点があります。私はスポーツが苦手なのです。

2

2_046

I have worked as a supermarket buyer, so I have skills not only in communication but also in negotiating business deals. In short, I am experienced in sales and marketing. Furthermore, I have one more strength, which is my ability to speak multiple languages fluently. However, there are a couple of things I'm not good at. I am bad at singing songs and… (laugh) I've been terrible at lying.

【in short 要するに、早い話が、手短に言うと、一言で言うと】

私はスーパーのバイヤーとして働いてきましたので、コミュニケーションのみならず、ビジネスの交渉にも長けています。一言で言いますと、販売とマーケティングの経験があるということです。さらに、私にはもう一つの強みがあります。それは複数の言語を流ちょうに話す能力です。しかしながら、不得意なものもいくつかあります。私は歌が下手で、それに…（笑う）昔から嘘をつくのがちょう下手なのです。

会話編

1

🔊 2_047

A: What are you good at?

B: I'm good at English, because I studied it at ABC University.

A: Is there something you are not good at?

B: Yes, I'm not good with numbers.

A: あなたは何が得意ですか？

B: 英語が得意です。というのも ABC 大学で英語を勉強したから。

A: なにか不得意なものはあります？

B: そうね、数字が苦手だな。

2

🔊 2_048

A: I am good at making sweets. Do you have any specialties?

B: Let me see. Yes, I'm skilled at painting pictures.

A: I envy you. I'm terrible at drawing.

【paint は絵の具で絵を描くことで、draw は鉛筆やペンで絵を描くこと】

A: 私、スイーツ作りが得意なんだ。あなたは、なにか得意なものある？

B: そうだなぁ。そうそう、私は絵が得意だな。

A: 羨ましいわね。私、絵がちょう下手だから。

3

🔊 2_049

A: What skills do you have?

B: I have skills in foreign languages.

A: What are they?

B: They are English and Spanish. I am fluent in both languages.

A: あなたのスキルは何ですか？

B: 外国語のスキルがあります。

A: 何語ですか？

B: 英語とスペイン語で、どちらの言葉も流ちょうです。

4

🔊 2_050

A: You are skilled in the field of IT, aren't you?
B: I guess I am. I have skills in computer programming.
A: Are you doing anything with those skills?
B: I am using my skills to develop games.

A: あなたは IT のスキルをお持ちでしたよね？
B: ええ、まあ。コンピュータプログラミングのスキルです。
A: そのスキルを使って何かしておられますか？
B: スキルを活かしてゲームを開発しています。

5

🔊 2_051

A: What do you think your biggest strength is?
B: I'm best at Mathematics.
A: Are you experienced in software development?
B: Yes, I have extensive experience in it, and I have strong skills.

A: あなたの最強の強みは何だと思っておられますか？
B: 私は数学が最も得意です。
A: ソフトの開発の経験はおありですか？
B: はい、それには豊富な経験と強力なスキルを持っています。

教科目の語句

国語　Japanese
古文　Classical Japanese
現代文　Contemporary Japanese
漢文　Classical Chinese
書道　Calligraphy
文学　Literature
言語学　Linguistics
文法学　Grammar
音声学　Phonetics

外国語　Foreign Language
外国語活動　Foreign Language Activities
英語　English
コミュニケーション英語　English Communication

英語表現　English Expression
スペイン語　Spanish
ドイツ語　German
ポルトガル語　Portuguese
アラビア語　Arabic
中国語　Chinese

英会話　English Conversation
フランス語　French
イタリア語　Italian
ロシア語　Russian
ヒンディー語　Hindi
インドネシア語　Indonesian

社会　Social Studies
社会学　Sociology
道徳　Ethics
世界史　World History
地理　Geography
政治　Politics
経営学　Business Administration
行政学　Public Administration
家政　Homemaking
法律　Law
憲法　Constitutional Law/ Constitution

現代社会　Contemporary Society
公民　Civics
歴史　History
日本史　Japanese History
地学　Earth Science
経済　Economics
家庭　Home Economics
生活　Living Environment Studies
法学　Jurisprudence

考古学　Archaeology
人種学　Ethnology

民俗学　Folklore
人類学　Anthropology

哲学　Philosophy
倫理学　Ethics
神学　Theology

論理学　Logic
宗教学　Religion

美術　Art
図画工作　Art and Handicraft
音楽　Music
体育　Physical Education（P.E.）

美学　Aesthetics
工芸　Crafts Production
保健　Health
技術　Technical Arts

理科　Science
宇宙科学　Space Science
物理　Physics
微生物学　Microbiology

科学　Science
化学　Chemistry
生物　Biology

算数　Arithmetic
数学　Mathematics; Math（米）/ Maths（英）
幾何　Geometry
代数　Algebra

工学　Engineering
電気工学　Electrical Engineering
コンピュータ工学　Computer Engineering
情報工学　Computer Science
メディア情報学　Media Informatics
ロボット工学　Robotics
ソフトウエア工学　Software Engineering
人間工学　Ergonomics
建築学　Architecture
機械工学　Mechanical Engineering
メディア研究　Media Studies
人工知能学　Artificial Intelligence
土木工学　Civil Engineering

植物学　Botany
環境学　Environmental Studies
鳥類学　Ornithology
海洋学　Oceanography
天文学　Astronomy
生態学　Ecology
動物学　Zoology
魚類学　Ichthyology
農学　Agricultural Science
気象学　Meteorology

医学　Medical Science
内科学　Internal Medicine
病理学　Pathology
解剖学　Anatomy
血液学　Hematology
獣医学　Veterinary Science
外科学　Surgical Medicine; Surgery
臨床医学　Clinical Medicine
生理学　Physiology
組織学　Histology
遺伝学　Genetics

薬学　Pharmacy/Pharmacology
看護学　Nursing Science
社会福祉学　Social Welfare
栄養学　Dietetics
衛生学　Hygiene

心理学　Psychology
犯罪学　Criminology
精神医学 Psychiatry

48 職業を伝える

自己紹介で自分の職業を伝えることによりコミュニケーションがスムーズになることがあります。聞き手にとって、あなたのバックグラウンドや専門知識、あるいは関心事を知ることで共通の話題を見つけやすくなるとともに、自分の経験や専門性を示すことにより関連する業界の人たちとの関係を築くこともできます。とはいえ、時と場所、また相手を考慮しない場合は逆効果になる可能性もありますので、相手や状況をみながら、適切なタイミングで行いましょう。

職業名の場合

2_052

この場合 I'm ～（私は～です）と I work as~（～として働いています）として言い表すことができます。

I'm a teacher.
私は教師です。

I'm a doctor.
私は医者です。

I'm a shop clerk.
私は店員です。

I was a nurse.
私は看護師でした。

I work as a gardener.
私は庭師として働いています。

I'm working as a daycare teacher.
私は保育士として働いています。

I've been working as a taxi driver.
私はタクシードライバーとして働いています。

I have been a local government employee for twenty years.
私は 20 年、地方公務員をしています。

I worked as a hotel clerk in Tokyo.
私は東京でホテルの従業員として働いていました。

自営業の場合

🔊 2_053

I'm self-employed.
= I have my own business. / I run my own business. / I work for myself.
私は自営業です。

I'm a freelance worker. = I work as a freelancer. / I work freelance.
私はフリーで働いています。

契約・臨時

🔊 2_054

I'm a part-time employee. = I work part time.
私はアルバイトで働いています。

I'm working as temporary staff.
私は派遣社員として働いています。

I'm working as a contract employee.
私は契約社員として働いています。

I have worked as a temporary employee for the past 3 years.
私は過去 3 年間、臨時職員として働いてきました。

I am currently a temporary employee and would like to become a full-time employee as soon as possible.
私は今、臨時職員なので、できるだけ早く正社員になりたいと思っています。

退職

🔊 2_055

I would like to resign from the company I'm currently working for. = I would like to resign from my current company.
私は現在、勤めている会社を辞めたいと思っています。

I resigned from my company last week.
＝ I left my company last week./ I left my job last week.
私は先月、会社を辞めました。

I'm retiring from my company in a month.
私は1か月後に定年退職します。

I retired from my company last month.
私は先月、会社を定年退職しました。

コメント

resign from と retire from

resign from 〜は He resigned from his post as president.（彼は社長としての地位を退いた）とか、He resigned from his job for personal reasons.（彼は一身上の都合で仕事を辞めた）のように、職務や職位から辞任することをいいます。自分の意志でやめる場合や何らかの理由で辞める場合にも使われます。一方、retire from~ は He retired from the company after 40 years.（彼は40年間勤めた後退職した）や He retired from acting.（彼は俳優業から引退した）のように仕事、職業、役職などから引退することをいいます。一般的には、年齢や健康上の理由によって長期間の労働から退くことを指して使われます。

失業

2_056

I am unemployed.
私は失業中です。

I lost my job last month.
先月、失業しました。

I'm between jobs.
私は失業中です。☞働く意志がある失業中。

I was laid off because of the recession at my company.
私は会社が不景気なため解雇されました。☞lay off「（不況のために従業員を）レイオフする、一時解雇する」

I was fired from my company last week.
私は先週、会社を首になりました。☞fire「(従業員、使用人などを)解雇する、首にする」

求職中

🔊 2_057

I'm looking for a job now.
今、仕事を探しています。

I am currently looking for a designer job.
= I'm currently looking for a job as a designer.
現在、デザイナーの仕事を探しています。

I'm looking for a part-time job in a convenience store.
コンビニでのパートの仕事を探しています。

I'm looking for a part-time job in a restaurant about 3 days a week.
私はレストランで週 3 日程度のパートの仕事を探しています。

I'm looking for a part-time job for about 5 hours a day.
私は 1 日 5 時間程度のパートの仕事を探しています。

I'm looking for a part-time job with an hourly rate of over 1,500 yen.
私は時間給が 1500 円以上のパートの仕事を探しています。

I have been looking for a job for the past month.
私はこの 1 か月間ずっと仕事を探しています。

I have been looking for a job for 3 months already and have not found one yet.
私は既に 3 か月の間、仕事を探していますが、まだ見つかっていません。

I kept looking for a job for six months, but could not find one.
私は 6 か月間、仕事を探し続けましたが、見つかりませんでした。

I could not find a job that I wanted.
私は自分が望む仕事を見つけることができませんでした。

転職

2_058

I'm currently considering a career change.
現在、転職を考えています。

I want to work for a company in Tokyo.
東京の会社に勤務したいです。

I would like to work for a car company in Nagoya.
名古屋の自動車会社に就職したいです。

I want a different job from what I have now.
今とは違う仕事をしたいです。

I'd like to have a better paying job.
もっと給料の良い仕事がしたいです。

I changed jobs last month.
先月、転職しました。

I just changed companies last week.
先週、会社を変わったばかりです。

I changed jobs and learned my value.
= I learned my value after changing jobs.
私は転職して自分の価値を知りました。

無職の場合

2_059

I'm not currently working. = I'm not working at the moment.
現在、私は働いていません。

I'm currently unemployed.
現在、私は無職です。

I have been unemployed for the past year.
この１年、私は無職です。

I cannot find the kind of work I want.
自分が望むような仕事が見つかりません。

I looked for a job, but could not find one.
仕事を探しましたが、見つかりませんでした。

主婦

🔊 2_060

I'm a homemaker.

私は専業主婦です。☞アメリカでは housewife に代わり、この語や stay-at-home mom、full-time mom が多く用いられる。

I'm a stay-at-home mom with a 3-year-old child.

私は 3 歳の子どもを持つ専業主婦です。

I'm a househusband.

私は主夫です。

コメント

「～として働いている」とする場合、現在形 work as~、現在進行形 be working as~、現在完了進行形 have been working as~ で言い表すことができます。現在形は現在の状況や習慣、すなわち一般的な事実や日常の状態を表現して使います。現在進行形の場合は現在進行しているアクションや状況に焦点を当てています。現在完了進行形は過去のある時点から現在まで継続している動作や状態を表します。そのため、しばしば for ～や since ～を用いて継続している期間を言い表して使われます。

働いています

🔊 2_061

I've been working as a lawyer for ten years.

私は弁護士として 10 年働いています。

I've been doing this job as an engineer for 20 years now.

私は技師としてこの仕事を 20 年やっています。

I've been living in Tokyo since 2000.

私は 2000 年から東京に住んでいます。

I have been working as a researcher for this company since 2020.

私はこの会社に 2020 年から研究員として働いています。

なお、継続を尋ねる際の表現は以下の通りです。

How many years have you been in that job?
その仕事を何年続けていますか？

Have you been in that business long?
その仕事は長いのですか？

Have you lived here long?
= Have you lived here for a long time? ; Have you been living here long?
ここには長くお住まいですか？

How long have you been doing the job?
その仕事をどれくらいの期間やっていますか？

Have you been with the company for a long time?
= Have you been with the company long?
その会社に勤めて長いのですか？

49 職業を尋ねる

相手に職業を尋ねるのは失礼ではありません。実際、自分の職業を好んで話す人も多くいます。とはいえ、初対面の人に直接、職業を尋ねることがプライバシーの侵害にあたると感じる人もいないではありません。また、相手によっては個人的な理由から話したくない場合もあります。そこで、相手の快適さやプライバシーを尊重しながら質問するよう心がけましょう。

2_062

What is your job?
仕事はなに？　☞job に代わり occupation「（訓練を受けた）職業」や profession「（専門的知識を要する）職業」も使われます

What work do you do?
どんな仕事をしています？

What type of work do you do?
どういったタイプの仕事をしていますか？　☞type に代わり、sort や kind も使われます

What kind of work do you want to pursue?
どういった仕事をやりたいですか？

What kind of job do you have?
どのような仕事をしていますか？

What do you do?
何をされてます？

What do you do for a living?
お仕事は何ですか？　☞字義通りには「生活のために何をされていますか？」

What do you do as a profession?
お仕事は何をされていますか？

What line of work are you in?
どんな分野の仕事をされていますか？

May I ask what you do for a living?
何をして生計を立てておられますか？

Where do you work?
どちらで働いていますか？

職業名の語句

教育

教師　teacher
講師　teacher/ lecturer/ instructor
非常勤講師　part-time lecturer
常勤講師　full-time lecturer
家庭教師　tutor/ home tutor
塾講師　cram school teacher
教頭　vice principal
校長　principal（米）/ headteacher（英）/ headmaster
大学助手　research assistant/ teaching assistant
研究員　research associate
助教　assistant professor
講師　lecturer
准教授　associate professor
教授　professor
客員教授　visiting professor
名誉教授　professor emeritus/ emeritus professor

経済

税理士　licensed tax accountant

公認会計士　certified public accountant/ CPA
経営コンサルタント　management consultant/ business consultant
不動産業者　realtor/（米）real estate agent/（英）estate agent; house agent
銀行員　bank clerk/ bank teller/ bank employee/ bank staff
会社員　office worker/ office clerk/ office employee
正社員　regular employee/ regular staff/ regular worker/ full-time employee
契約社員　contract employee/ contract staff/ contract worker
派遣社員　temporary worker/ temporary staff/ temp/ dispatched worker
臨時社員　temporary employee/ contingent worker
パート　part-time employee
店員　shop clerk/ store clerk/ shop assistant
レジ係　cashier
販売員　salesperson
店主　shop keeper
実業家　businessman
従業員　employee

生活

農夫　farmer
酪農家　dairy farmer
漁師　fisherman
猟師　hunter
庭師　gardener
探偵　detective
郵便局員　postal worker
郵便配達員　mail deliverer/ postman/ postwoman
消防士　firefighter/fire man
葬儀屋　undertaker
速記者　stenographer
公務員　public employee/ civil servant/ government worker
配達員　delivery person/ deliveryman
新聞配達員　newspaper deliverer/ newspaper carrier/ paperperson
引っ越し業者　mover

法律

弁護士　lawyer
弁理士　patent attorney
司法修習生　legal apprentice
司法書士　judicial scrivener
行政書士　administrative scrivener
法律事務所スタッフ　paralegal
政治家　politician
裁判官　judge
検察官　prosecutor
刑務官　prison guard

陸上自衛官　Ground Self-Defense Forces personnel
海上自衛官　Maritime Self-Defense Forces personnel
航空自衛官　Air Self-Defense Forces personnel

音楽

音楽家　musician
歌手　singer
作曲家　composer
作詞家　lyricist
作詞・作曲家　songwriter　☞主としてポピュラー音楽の作詞・作曲家
指揮者　conductor
ピアニスト　pianist
ヴァイオリニスト　violinist
ギター奏者　guitarist
ドラム奏者　drummer
トランペット奏者　trumpeter
琴奏者　*koto* player
三味線奏者　*shamisen* player

芸術

舞台芸術家　stage artist
舞台俳優　stage actor
俳優　actor　☞男優・女優
女優　actress
声優　voice actor
監督　director
演出家　producer/ director
芸術家　artist
画家　painter
イラストレーター　illustrator
彫刻家　sculptor
木彫刻家　woodcarver
陶芸家　potter
ガラス工芸家　glazier
写真家　photographer
カメラマン　cameraman

ファッション

ファッションデザイナー　fashion designer
グラフィックデザイナー　graphic designer
インテリアデザイナー　interior designer
スタイリスト　stylist
ネイルアーティスト　nail artist
メイクアップアーティスト　makeup artist
美容師　hairdresser
理容師　barber

娯楽

テレビタレント　TV personality/ television personality
お笑い芸人　comic entertainer/ comedian
曲芸師　acrobat
手品師　magician
占い師　fortune teller

文学

作家　writer
小説家　novelist

随筆家　essayist
コラムニスト　columnist
劇作家　dramatist
脚本家　scriptwriter
映画脚本家　screenwriter
評論家　critic
漫画家　manga artist/ comic artist
翻訳家　translator
通訳者　interpreter
編集者　editor
校正者　proofreader

ジャーナリズム

ジャーナリスト　journalist
新聞記者　newspaper reporter/journalist
雑誌記者　magazine writer
特派員　correspondent
ルポライター　reporter
コピーライター　copywriter
デスク　deskman
アナウンサー　announcer
天気予報士　weather forecaster

飲食

料理長　chef
料理人　cook
日本料理人　Japanese cuisine chef
寿司職人　sushi chef
ウエイター　waiter
ウエイトレス　waitress
バーテンダー　bartender
客席係　usher
会計　cashier

観光

バスドライバー　bus driver
添乗員　tour conductor
ツアーガイド　tour guide
タクシードライバー　taxi driver
電車運転手　train conductor/ train operator
車掌　conductor
船長　captain
船乗り　sailor
一等航海士　first mate/ first officer/ chief mate/ chief officer
機長　captain
操縦士 pilot
副操縦士　co-pilot/ backup pilot
客室乗務員　flight attendant
グランドホステス　ground hostess

工業

エンジニア　engineer
システムエンジニア　systems engineer
ソフトウエアエンジニア　software engineer
セキュリティエンジニア　security engineer

ウエブデザイナー　web designer
プログラマー　programmer
ウエブプログラマー　web programmer
建築士　architect
一級建築士　first class architect
大工　carpenter
とび職　steeplejack
左官　plasterer
石工　mason
土木技師　civil engineer
測量技師　surveyor
測量士　land surveyor
旋盤工　turner
溶接工　welder
組立工　assembler
加治屋　smith
整備士　mechanic
自動車整備工　automobile mechanic
航空整備士　aircraft mechanic
鋳物工　caster/ founder

医療

医師　doctor
内科医　physician
外科医　surgeon
小児科医　gynecologist
皮膚科医　dermatologist/ skin doctor
脳神経科医　neurologist
精神科医　psychiatrist
歯科医　dentist
耳鼻咽喉科医　otolaryngologist/ ear-nose-throat doctor（ENT doctor）
産婦人科医　obstetrician-gynecologist（OB/GYN/ ob-gyn）
獣医　veterinarian
歯科衛生士　dental hygienist
看護師　nurse
レントゲン技師　X-ray technician/ radiographer
救急救命士　paramedic
薬剤師　pharmacist
薬局員　pharmacy personnel
保健師　public health nurse
助産師　midwife
理学療法士　physical therapist
作業療法士　occupational therapist
言語聴覚士　speech therapist
栄養士　dietician
管理栄養士　licensed dietician

福祉

医療ソーシャルワーカー　medical social worker
社会福祉士　social worker
介護士　care worker
介護福祉士　certified care worker
ケアマネージャー　care manager
生活指導員　welfare worker
家庭相談員　family counselor
児童福祉士　child welfare worker

50 会社名を伝える

働いている会社名を伝えるときの英語表現は「I work for ＋会社名」が一般的です。なお、work for~ の直後には会社名の他に上司や社長などの名前を置くことができます。また、「A 社で B として働いている」とする場合は「I work for A as B」とします。

🔊 2_063

I work for ABC Company.
私は ABC 社で働いています。

I work for Orange Company as an engineer.
私はオレンジ社で技師として働いています。

I work for Mr. Johnson at Apple Corporation.
私はアップル社でジョンソン氏のもとで働いています。

I work for a supermarket as a cashier.
私はスーパーでレジ係として働いています。

work at~ の直後に特定の場所や会社名を置き、働いている所を指して使われます。

I work at the headquarters in Kyoto.
私は京都の本社で働いています。

I work at the office in Osaka.
私は大阪のオフィスで働いています。

I work at the *Yotsukoshi* store in Yokohama.
私は横浜の四越ストアで働いています。

I work at ABC Company as a temp.
私は ABC 社で派遣社員として働いています。

I work at a high school as a science teacher.
私は高校で理科の教師として働いています。

コメント

「S ＋ work for ＋ A」は「S が A のために働いている」、すなわち A が S の雇用主ということになります。一方、「S ＋ work at ＋ A」は「S が A という場所で働いている」ことを表し、A が雇用主かどうかは明示されていません。また、I work in ABC Company.（私は ABC 社で働いています）のように「S ＋ work in ＋ A」とすることもできます。この場合は、「A の中で働いている」ことを示していますが、A との具体的な雇用関係は明らかではありません。そのため、会社との雇用関係を強調するときは work for ~ を用いるのが一般的です。なお、work in~ は国、都市、地域、業界、特定の部署や部門で働いているときなどに使われます。

その他、所属を表す表現として良く使われるものに「S ＋ be with A」と「S ＋ be employed by A」があります。前者は「S は A の一員である」こと、すなわち「S は A に所属していること」を示し、後者は「S は A に雇用されている」ことを明確に表すものです。

I'm with ABC Company.
私は ABC 社の者です。

I'm employed by ABC Company.
私は ABC 社に雇用されています→私は ABC 社で働いています。

51 働く業界・業種・部署

自己紹介で働く部署や業界、あるいは業種を含めることで、自分がどのような役割や責任を持っているかを明確に伝えることができ、それにより同様の業務に携わる人たちや、関連する業種で働く人たちと新たな人間関係を築いたり、協力関係を深める機会に恵まれるでしょう。その際に使われる表現は「I work in ＋部署・業界」ならびに「I'm working in ＋部署・業界」です。なお、前者の現在形は一般的な事実や習慣を表し、後者の現在進行形は現在の状況や活動を強調したもので、どちらも現在、働いていることを表しています。

部署

🔊 2_064

I work in the sales department.
私は営業部で働いています。

I'm working in the planning department.
私は企画部で働いています。

I've been working in the research and development department for ten years.
私は研究開発部で 10 年間働いています。

I worked in the marketing department of ABC Company for five years.
私は ABC 社のマーケティング部で 5 年間働きました。

I worked in the research department of ABC Company until March of last year.
私は昨年の 3 月まで ABC 社の調査部で働きました。

業界

🔊 2_065

I work in the car industry.
私は自動車業界で働いています。

I work in the restaurant business.
私は外食産業界で働いています。

I'm working in the publishing industry now.
私は現在、出版業界で働いています。

I want to work in the entertainment industry.
私は芸能界で働きたいです。

現在完了形「I have worked~」や、現在完了進行形「I have been working~」を使うことで、経験豊富であること、また for ~ years のように働いてきた期間を示すことでその業界の専門知識やスキルを磨いてきたことを示唆することができます。

I have worked in the retailing industry before.
私は以前、小売業界で働いていました。

I have worked in the fashion industry for a long time.
私は長い間、ファッション業界で働いてきました。

I've been working in the construction industry for 20 years.
私は建築業界で 20 年働いています。

I've been working in the tourism industry for more than 20 years.
私は観光産業界で 20 年以上働いています。

過去形「I worked~」ならびに過去完了形「I had worked ~」を用いて過去の経験やキャリアに関する情報が伝えられます。また、「以前は～だった」の意で、過去に継続して行われていた行動や状態を表す「S ＋ used to ＋動詞の原形」を用いることもできます。

I once worked in the computer industry.
私はかつてコンピュータ業界で働いたことがあります。

I had worked in the advertising industry for five years.
私は広告業界で 5 年間働いていました。

I used to work in the tourism industry.
以前、私は観光産業で働いていました。

コメント

「S ＋ work in ～」に代わって I'm engaged in the service industry.（私はサービス業に従事しています）のように「S ＋ be engaged in ～（S は～に従事している）」を使って表現することができます。このフレーズはある活動や事柄に参加している、従事していることを意味するもので、特定の活動や仕事に取り組んでいることを示す際に使われます。

52 尋ねる

勤務先を尋ねたり、職場に関する話題は相手との共通点を見つけるための一つの手段で、相手が同じ業界に勤務していたり、同様の職場で働いている場合、経験や関心事について話すことができ、コミュニケーションを円滑に進めることができます。ただし、勤務先に関する質問は相手のプライバシーに踏み込む可能性もありますので、相手の意思や感情を尊重することが大切です。なお、以下はいずれも勤務先を尋ねる際に使われる一般的な表現です。

勤務先を尋ねる

2_066

What company do you work for?
どの会社にお勤めですか？　☞具体的に会社名を尋ねる。

Which company do you work for?
どちらの会社にお勤めですか。☞選択肢の中から所属する会社を尋ねる。

Where do you work now?
今どこで働いていますか？　☞相手の職場、勤務先を尋ねる。

What is your place of employment?
勤務先はどちらですか？　☞place of employment「勤務先、就職場所」

What is your current workplace?
現在どちらにお勤めですか？　☞workplace「職場、仕事場」

Could you tell me your workplace?
勤務先を教えていただけますか？

Could you tell me where you are employed?
勤務先を教えていただけますか？

また勤務する組織や企業などを特定するために、相手が働いている上司や雇用主を尋ねる言い方があります。

What is the name of your employer?
雇用主の名前を何ですか？　☞どこにお勤めですか？

Who are you with?
どの人と一緒ですか？　☞どこにお勤めですか？

Who do you work for?
誰のために働いていますか？　☞どこにお勤めですか？

部署を尋ねる

🔊2_067

相手が働いている部署を知ることで、その人が持つ専門知識やスキルに関する情報に接することができ、より円滑なコミュニケーションが可能となり得ます。

What department do you work in?
どの部署で働いていますか？

What department are you in?
どの部署におられますか？

Which department do you work in?
どちらの部署で働いていますか？

Which department are you in?
どちらの部署におられますか？

Which department do you belong to?
どちらの部署に所属していますか？

May I ask what department you belong to?
どの部署に所属しているかお尋ねしてもよろしいですか？
☞what に代わって which でもよい

コメント

belong to~ は「～に属する、～の所有物である」の意で、所属や所有権に言及する際に使われます。

I belong to the public relations department.
私は広報部に所属しています。

I belong to the tennis club.
私はテニス部の所属です。

This dictionary belongs to me.
この辞書は私のです。

業界を尋ねる

🔈 2_068

就業している業界や専門分野を尋ねる際の一般的な表現には次のようなものがあります。

What industry do you work in?
どの業界で働いていますか？

What is your industry of employment?
就業されている業界は何ですか？

In what sector do you work?
どの業界で働いていますか？　☞sector「部門、領域、分野」

What line of work are you in?
どの業界に従事していますか？　☞line of work「業界、職種」

In which field are you employed? ＝ Which field do you work in?
どの分野に就職されていますか？

応用してみよう

好きな個所、自分に適した文を選び、組み合わせてみましょう。

ショートスピーチ編

1

2_069

I work in the car industry. I have been working in the sales department at the Tokyo office of ABC Motors. Before joining my current company, I worked in the advertising industry. I love communicating with people and I enjoy what I do now.

私は自動車業界で働いています。ABC モーター東京オフィスのセールス部に勤めています。現在の会社に入る前は広告業界で働いていました。私は人とのコミュニケーションが大好きなので今の仕事を楽しくやっています。

2

2_070

I have worked for ABC Company for more than 30 years, but I retired the other day at the age of 65. I am currently thinking about what I am going to do next, but for now, I am going to pursue something I have always wanted to do: I am going to start studying English again from the beginning to increase my value. I believe that I am still young at heart, so I would like to continue my efforts and be as useful to society as possible.

【young at heart（高齢者など）気が若い、気持ちが若い】

私は ABC 社に 30 年以上勤務してきましたが、先日、65 歳で退職しました。現在、次に何をしようかと思案中ですが、今しばらくは、これまでずっとやりたかったことをやるつもりです。すなわち、自分の価値を高めるために再び最初から英語の勉強を始める予定です。私はまだ気持ちは若いと信じていますので、努力を続け、できる限り社会の役に立ちたいと思っています。

3

🔊 2_071

I'm currently working for a restaurant, but I'm considering a career change. I want to work for a company in Tokyo and I'd like to have a better-paying job. The other day, my friend told me that he realized his value after changing jobs. He happily mentioned that his salary doubled after changing jobs. Therefore, I too would like to test my true worth.

現在、私はレストランに勤めていますが、転職を思案中です。東京の会社で働きたい、もっと給料の良い仕事をしたいと思っています。先日、私の友人が転職して自分の価値を知ったと話してくれました。彼は転職後、給料が2倍になったと嬉しそうに話していました。そのため、私も自分の本当の価値を試してみたいと思っています。

4

🔊 2_072

I used to work in the textile industry. The company I worked for went under, and I lost my job. Since then, I have been looking for a job for six months and have not found one. Currently, I work part-time at a convenience store for 1,000 yen per hour. I would like to find a full-time job as soon as possible, so if you have any referrals, please let me know. By the way, I had worked in accounting for a long time.

【go under（事業が）失敗する、破産する　referral 紹介】

私は繊維産業界で働いてきましたが、勤めていた会社が倒産し、失業してしまいました。以来、私は6か月間仕事を探し続けていますが、見つかっていません。現在、時給1000円で、コンビニでパートをしています。できるだけ早くフルタイムの仕事を見つけたいので、もしお勧めがあれば紹介してください。ところで、私は長い間、経理の仕事をしていました。

会話編

1

🔊 2_073

A: What do you do for a living?
B: I'm an office worker.
A: Which company do you work for?
B: I work for ABC Company.
A: In which department do you work?
B: I work in the sales department.

A: お仕事は何ですか？
B: 私は会社員です。
A: どちらの会社にお勤めですか？
B: ABC 社に勤めています。
A どの部署で働いておられます？
B: 販売部で働いています。

2

🔊 2_074

A: I work in the restaurant business.
B: Which restaurant do you work for?
A: I'm with ABC Restaurant, and I work in the planning department.
B: Have you been with the restaurant long?
A: No, I changed jobs last month.

A: 私は飲食産業で働いています。
B: どちらのレストランにお勤めですか？
A: ABC レストランの企画部に勤務しています。
B: そちらのレストランは長いのですか？
A: いえ、先月転職したばかりです。

3

🔊 2_075

A: I'm self-employed.
B: What kind of business do you have?

A: I run a restaurant in front of the station in a small town.
B: What kind of food do you serve at your restaurant?
A: We serve Japanese cuisine such as sushi, soba, and tempura.

A: 私は自営業です。
B: どういったお仕事をなさっているのですか？
A: 小さな町の駅前でレストランを経営しています。
B: あなたのレストランではどんな料理を出されるのですか？
A: 寿司、蕎麦、天ぷらといった日本料理を出しています。

4

2_076

A: I'm currently considering a career change.
B: Why?
A: I want a different job from what I have now.
B: What kind of work do you want to pursue?
A: I want to work in the car industry.

A: 現在、転職を考えてるんだ。
B: なんで？
A: 今とは違った仕事をしたいんだよ。
B: どんな仕事をしたいわけ？
A: 自動車業界で働きたいな。

5

2_077

A: I once worked in the computer industry.
B: Where do you work now?
A: I'm working in the publishing industry now.
B: May I ask what department you belong to?
A: I work in the planning department.

A: 私はかつてコンピュータ業界で働いたことがありましてね。
B: 今はどちらで働いておられます？
A: 現在は出版業界で働いています。
B: どの部署にいらっしゃるのかお聞きしてもかまいませんか？
A: 企画部で働いております。

6

🔊 2_078

A: I have been unemployed for the past year and I'm looking for a job now.

B: What kind of job are you looking for?

A: I'm looking for a job as a designer.

A: 私はこの１年、失業していて、現在、仕事を探しているところです。
B: どういった仕事をお探しですか？
A: デザイナーの仕事を探しています。

7

🔊 2_079

A: I could not find a job that I wanted.

B: Are you currently unemployed then?

A: Yes, I'm between jobs right now.

B: Same here. I've been looking for a job for three months already and have not found one yet.

【same here私も同じ状況です、私も同感です→相手の言ったことに対して同意、同調を表す】

A: 希望の仕事は見つからなかったよ。
B: じゃあ今は失業中？
A: そう、今は職無しさ。
B: 一緒です。私も既に３か月間仕事を探しているんだけど、まだ見つかっていないんだ。

8

🔊 2_080

A: I retired from my company last month.

B: What company did you work for?

A: I worked for Orange Company in Tokyo.

B: For how long?

A: I worked in the marketing department for thirty years.

A: 私は先月会社を退職しました。
B: どこの会社に勤めておられたのですか？
A: 東京にあるオレンジ社で働いていました。

B:　お勤めの期間は？
A:　マーケティング部で30年働きました。

9

🔊 2_081

A: Where do you work now?
B: I work at ABC Company as a temporary employee.
A: In Tokyo?
B: No, at the office in Osaka.

A:　今どちらにお勤めですか？
B:　ABC社で嘱託社員として働いています。
A:　東京ですか？
B:　いえ、大阪のオフィスです。

10

🔊 2_082

A: I've heard you're looking for a part-time job.
B: Yes, I'm looking for a part-time job for about 5 hours a day. And you?
A: I'm looking for a part-time job with an hourly rate of over 1,500 yen.

A:　パートの仕事を探しているって聞いたけど。
B:　そう、1日5時間程度のパートを探しているの。あなたは？
A:　僕は時給1,500円以上のパートを探しているんだ。

11

2_083

A: What line of work are you in?
B: I've been working in the education industry.
A: What do you do?
B: I'm a teacher. Specifically, I teach Mathematics at ABC High School.

【specifically 具体的に言うと】

A: どういった分野の仕事をされていますか？
B: 教育業界で働いています。
A: 何をされているのですか？
B: 教師です。具体的には、ABC 高校で数学を教えています。

業界・部署関係の語句

部署

営業部　sales department/ business department
販売促進部　sales promotion department
マーケティング部　marketing department
財務部　finance department
経理部　finance department/general accounting department
宣伝部　publicity department/advertising department
購買部　purchasing department
貿易部　export & import department/ trade division
広報部　public relations department
人事部　human resources department/personnel affairs department
総務部　general affairs department
顧客サービス部　customer service department
法務部　legal department
知的財産部　intellectual property department
調査部　research department
企画部　planning department
企画開発部　project planning & development department
研究開発部　research & development department

開発部　development department
技術部　engineering department
設計部　design department
製造部　manufacturing department
資材部　material department
生産管理部　production management department
発送部　dispatch department
物流部　logistics department
監査部　audit department
秘書室　secretarial office
社長室　president's office/ CEO's office/ chairman's office

職場：会社

IT 企業　IT company
コンサルタント会社　consultant company
広告会社　advertising company
商社　trading company
出版社　publishing company
スーパーマーケット　supermarket
ドラッグストア　drug store
法律事務所　law firm
会計事務所　accounting company
デパート　department store
コンビニ　convenience store
雑貨店　variety store/ general store
衣料品店　clothing store/ clothes shop
ディスカウントショップ　discount shop/discount store

生活協同組合　cooperative society
消費者協同組合　consumers' cooperative society
漁業協同組合　fisheries cooperative association/ FCA
農業協同組合　agricultural cooperative society/ ACS

食料品店　food store/ grocery store
パン屋　bakery
肉屋　meat store/ meat shop/butcher's
魚屋　fish shop/ fish store
八百屋　greengrocer's shop/ produce market
美容院　beauty salon/ hair salon
理容院　barber shop

建設会社　construction company
運送会社　transport company
ガス会社　gas company
製造会社　manufacturing company
製薬会社　pharmaceutical company
銀行　bank
郵便局　post office
投資会社　investment bank
航空会社　airline company
警察署　police station
鉄道会社　railroad company/ railway company
バス会社　bus company
運送会社　shipping company/ freight company
清掃会社　cleaning company
警備会社　security company
酒造会社　brewing company/ liquor company
飲料メーカー　beverage maker

不動産会社　real estate agent
電力会社　power company
物流会社　logistics company
食品会社　food company
証券会社　securities company
保険会社　insurance company
裁判所　courthouse
消防署　fire station
引っ越し業者　moving company
食品メーカー　food maker

都庁　Tokyo Metropolitan Government
府庁　prefectural office
市役所　city office/ city hall
町役場　town office

県庁　prefectural office
区役所　ward office

業界

自動車産業界　motor vehicle industry（＝MVI）/ automobile business/ automotive world/ car industry
製造業界　manufacturing industry
小売業界　retail industry/ retailing industry
食品業界　food industry
外食産業界　restaurant business / food-service industry/ eating-out industry
保険業界　insurance industry
観光業界　tourism industry
ホテル業界　hotel industry

金融業界　financial industry
航空業界　airline industry

娯楽産業界　entertainment industry/ show business
TV 業界　TV industry/ television business
映画産業界　movie industry/ movie world
メディア業界　media industry
音楽業界　music industry/ music business
コンピュータ業界　computer industry
IT 業界　IT industry
出版業界　publishing industry
情報通信業界　information communication industry
セキュリティ業界　security industry
サービス業界　service industry
清掃業界　cleaning industry
広告業界　advertising business/ ad industry
ファッション業界　fashion industry
繊維業界　textile industry
教育業界　education industry
建設業界　construction industry
土木業界　civil engineering industry
不動産業界　real estate industry/ REB/ real estate business
エネルギー業界　energy industry
運送業界　transportation industry/ haulage industry/ carrier business
物流業界　logistics industry
農産業界　agricultural industry
水産業界　fishery industry/ fishing industry
美容業界　beauty industry
保健医療業界　healthcare industry
福祉業界　welfare industry
医薬品業界　pharmaceutical industry
木材産業界　wood industry

コメント

「業界」を business と industry で表すことがありますが industry が一般的。business は I'm engaged in the tourism business.（私は観光事業に従事しています）とか、I work in the agribusiness.（私は農業ビジネスで働いています）のように「業種、業務」の意味合い。

53 趣味について

趣味は人と人とのつながりを作る最も有効な手段の一つです。自己紹介で自分の趣味を話すことは、自分自身の興味はもちろん個性を表現することでもあります。自身の独自性や素晴らしい一面をアピールすることができるのです。また、趣味を伝えることで、人とのコミュニケーションを促進したり、新たなつながりや人間関係を築くきっかけにもなるでしょう。

趣味がある

🔊 3_001

I have a hobby.
私には趣味があります。

I have many hobbies.
私は多くの趣味を持っています。

I have a special hobby; it's making movies.
私には特別な趣味があります。それは映画作りです。

I have a passion for a specific hobby.
私はある特定の趣味に情熱を持っています。

I occupy my free time with a hobby.
私は自由な時間を趣味で過ごしています。

I'm keen on a particular hobby.
私はある特定の趣味に熱中しています。

I enjoy a particular pastime.
私は特定の趣味を楽しんでいます。

コメント

S ＋ occupy ＋ A ＋ with B は「S は A を B で占める」の意で、S ＋ occupy one's free time with a hobby は「S は自由な時間を趣味で占める」すなわち、「S は自由な時間を趣味に当てる」ということ。また be keen on ~ は「～に熱中している、～に夢中になっている」を意味し、I am keen on collecting rare records by The Beatles.（私はビートルズのレア盤の収集に熱中しています）のように使われます。

趣味を伝える場合は My hobby is ＋動名詞 or 名詞、My hobby is ＋ to 不定詞、My hobby is ～に代わって My pastime is~ 、その他 I like ～、I love ～、I'm interested in ～、I'm into ～などが使われます。ちなみに、hobby と pastime は類似した意味で使われますが、hobby が個人の興味や情熱に基づいて継続的に行われる活動や関心事に用いられるのに対して、pastime は一般的にゲーム、散歩、映画鑑賞といった時間をつぶしたり、娯楽を楽しむための活動や関心事を指す場合に使われます。とはいえ、どちらも自己表現やリラックス、楽しみを見つけるための活動に利用されるため、しばしば交換可能です。

My hobby is ~（私の趣味は～）

🔊 3_002

My hobby is blogging. = My hobby is to blog.
私の趣味はブログを書くことです。

My hobby is *Bonsai* trees.
私の趣味は盆栽です。

My main hobby is growing flowers.
= My main hobby is to grow flowers.
私の主な趣味は花を育てることです。

My principal hobby is playing soccer.
= My principal hobby is to play soccer.
私の一番の趣味はサッカーをすることです。☞principal hobby → primary hobby にするとカジュアルな感じを与える。

My hobbies are collecting old coins and drawing pictures. = My hobbies are to collect old coins and draw pictures.
私の趣味は古いコインの収集と絵を描くことです。

One of my hobbies is playing the piano.
= One of my hobbies is to play the piano.
私の趣味の一つはピアノを弾くことです。

Learning foreign languages is my hobby.
= To learn foreign languages is my hobby.
外国語を学ぶことが私の趣味です。

I'm studying English as a hobby.
私は英語を趣味として勉強しています。

I enjoy costume play as my hobby.
私は趣味としてコスプレを楽しんでいます。

My pastime is ~（私の趣味は～）

3_003

My pastime is taking a walk in my neighborhood.
私の趣味は近所を散歩することです。

My main pastime is gardening.
私の主な趣味はガーデニングです。

My favorite pastime is watching TV.
私のお気に入りの娯楽はテレビを観ることです。

Painting landscapes is my favorite pastime.
風景画を描くことが私のお気に入りの趣味です。

Eating out is one of my favorite pastimes.
食べ歩きは私の趣味の一つです。

I like ~（私は～が好き）

3_004

I like cooking. = I like to cook.
私は料理が好きです。

I like making sweets at home when I have free time.
= I like to make sweets at home when I have free time.
私は暇な時に家でお菓子を作るのが好きです。

I like reading novels. = I like to read novels.
私は小説を読むのが好きです。

I like listening to rock music. = I like to listen to rock music.
私はロックミュージックを聴くのが好きです。

I like going shopping with my friends on my day off.
私は休みの日に友人とショッピングに行くのが好きです。☞on my day off「私の休日に」→ on a day off の場合は一般的な休日のこと

I love ~（私は～が大好き）

🔈 3_005

I love singing Japanese pop music at *karaoke*.
= I love to sing Japanese pop music at *karaoke*.
私はカラオケで日本のポップミュージックを歌うのが大好きです。

I love watching movies, especially romance.
= I love to watch movies, especially romance.
私は映画鑑賞、特にロマンスが大好きです。

I love shopping. = I love to shop.
私はショッピングが大好きです。

I love breakdancing. = I love to breakdance.
私はブレイクダンスを踊るのが大好きです。

---

be interested in ~（～に興味がある）

🔈 3_006

I'm interested in baseball. = I have an interest in baseball.
私は野球に興味があります。

I'm interested in taking pictures.
= I have an interest in taking pictures.
私は写真撮影に興味があります。

I'm interested in Japanese history.
= I have an interest in Japanese history.
私は日本の歴史に興味があります。

I'm a little interested in traveling abroad.
= I have a little interest in traveling abroad.
私は海外旅行に少し興味があります。

I'm very interested in *kawaii* fashion.
= I have a keen interest in *kawaii* fashion.
私はかわいいファッションにとても興味があります。

be into ~（~にハマっている）

🔊 3_007

I'm into studying English.
私は英語の勉強にハマっています。

I'm very much into writing poems.
私は詩を書くことにすごくハマっています。

I'm really into *Samurai* culture.
私はサムライ文化にとてもハマっています。

I've been getting into collecting antiques these past few months.
私はここ数か月、骨董品の収集にハマっています。☞have been doing「~し続けている」

I got into trying new foods.
私は新しい食べ物を試すことにハマっちゃいました。
☞get into ~「(趣味などに) 熱中する、のめり込む、興味を持つ」

その他の表現

🔊 3_008

「趣味」の意を表してよく使われる語に pursuit があります。この語の基本的な意味は「追及、追い求め」で、「趣味」や「娯楽」が個人の喜びや楽しみを得るための活動であることから、個人的娯楽を追求するとの意味合いで「気晴らし、娯楽、趣味」として使われます。

Photography is one of my pursuits.
写真は私の趣味の一つです。

Watching boxing is my favorite pursuit.
ボクシングを見るのは私のお気に入りの娯楽です。

Reading is my personal pursuit.
読書は私の私的な趣味です。

My lifelong pursuit is gardening.
私の生涯の趣味はガーデニングです。

Cooking is not just a hobby for me; it's a passionate pursuit.
料理は私にとって単なる趣味ではなく、超大好きな趣味です。

趣味がない

🔊 3_009

I don't have any hobbies.
私には趣味がありません。

I have no hobbies.
私に趣味はありません。

I don't have a specific hobby.
私には特定の趣味はありません。

I don't have any particular hobbies.
私には特に趣味はありません。

I don't have a hobby that can really be called a hobby.
私には本当の趣味らしい趣味はありません。

I'm hobby-less.
私は無趣味です。

I'm not really into hobbies.
私は余り趣味には興味がありません。

Hobbies aren't really my thing.
趣味は余り私の得意分野ではありません。☞not one's thing「自分の趣味ではない、得意ではない」

I haven't found a hobby that interests me.
興味を引くような趣味にまだ出会っていません。

54 趣味を尋ねる

趣味があるかどうか尋ねる一般的な表現です。失礼にならない程度に趣味に関して質問することは有意義といえます。相手の趣味を知ることで、共通の興味や話題を見つけることができ、会話を深め、関係を築くことができるからです。また、相手の趣味を知ることで、その人の好みはもちろん、性格の一部さえも垣間見ることができるかも知れません。

🔊 3_010

What are your hobbies?
あなたの趣味は何ですか？

Do you have any hobbies?
趣味はありますか？

Do you have any interests or hobbies?
何か興味あるものとか趣味はありますか？

Do you enjoy any recreational activities?
何かレクリエーション活動を楽しんでいますか？

Are there any activities you enjoy doing?
あなたが楽しんでいる活動はありますか？

Are there any particular hobbies or pastimes that you enjoy?
あなたが特に楽しんでいる趣味とか気晴らしはありますか？

Are you into anything?
何かにハマっていますか？

Are you into any particular hobbies?
何か特定の趣味にハマっていますか？

Tell me about your hobby if you have one.
趣味があったら教えて。

Tell me about your favorite hobbies or activities.
あなたのお気に入りの趣味もしくは活動を教えて。

直接 hobby という語を使わないで相手の趣味を尋ねる場合は以下の通りです。

What ～ 🔊3_011

What do you do in your free time?
暇な時は何をしますか？

What do you usually do on weekends?
週末はたいてい何をしますか？

What do you like to do on your days off?
休みの日は何をするのが好きですか？ ☞on one's day off「休みの日に」

What do you enjoy doing in your spare time?
暇な時間に何を楽しんでいますか？ ☞spare time「余暇、空き時間」＝free time

What do you always do for fun?
楽しみのためにいつも何をしていますか？ ☞for fun「楽しみのために、気晴らしに」

What are your favorite pastimes?
お気に入りの娯楽は何ですか？

What are you into?
何にハマっていますか？

What are you interested in?
何に興味がありますか？

How ～ 🔊3_012

How do you spend your leisure time?
余暇をどのように過ごしていますか？

How do you usually spend your days off?
休日をたいていどのように過ごしていますか？

How do you like to spend your weekends?
週末をどのように過ごしたいですか？

趣味のきっかけを尋ねる

🔊3_013

What made you start pursuing *this hobby*?
なにがきっかけでこの趣味を追求し始めたのですか？　☞pursue「追い求める、追及する」　☞this hobby → photography、gardening、fishing、collecting baseball cards など

What made you decide to take up that hobby?
その趣味に決めた理由は何ですか？

What sparkled your interest in *this hobby*?
この趣味に興味をかきたてられたきっかけは何ですか？　☞sparkle「きらめかせる、輝かせる、掻き立てる」　☞this hobby を相手の趣味と取り替えて使ってみよう

What motivated you to pick up that hobby?
その趣味を始めたきっかけは何だったのですか？　☞motivate「（人を）動機づける、～する気を起こさせる」　☞pick up「取り上げる」

What inspired you to get involved in that hobby?
その趣味にかかわることになったきっかけは何ですか？　☞inspire「触発する、動かす、刺激する」

How did you get into *this hobby*?
どうしてこの趣味にのめり込んだのですか？　☞get into~「～に興味を持つ、～に熱中する、～に夢中になる」

Could you share the story behind your interest in that hobby?
その趣味に興味を持ったエピソードを教えていただけますか？
☞share「共有する、伝える、話す」

趣味を続けている期間

🔊3_014

When did you start that hobby?
いつその趣味を始めましたか？

Have you been involved in that hobby for a while?
その趣味にしばらく関わっているのですか？

How long have you been doing *this hobby*?
この趣味をどのくらい続けていますか？

How long have you been engaged in *this hobby*?
この趣味をどれだけの期間やっていますか？　☞be engaged in~「（活動）に従事している、～に携わっている」

How many years have you dedicated to the hobby?
その趣味に何年間かけておられますか？　☞dedicate「捧げる、割く」

For how long have you been practicing this hobby?
どのくらいこの趣味をやり続けていますか？　☞practice「実行する、実践する」

Since when have you been involved in this hobby?
いつからこの趣味を続けていますか？　☞be involved in~「～に携わっている、～に関与している」

What's the duration of your experience with the hobby?
その趣味をやっておられる期間はどれくらいですか？　☞duration「持続期間、継続期間」

Can you tell me how long you've been pursuing the hobby?
どのくらいその趣味を続けているのか教えてもらえますか？

趣味を楽しむ相手は
3_015

Do you have a companion for your hobby?
趣味仲間はいますか？

Do you have someone you share your hobby with?
趣味を一緒に楽しんでいる人はいますか？　☞share「共有する、分かち合う」

Do you have anyone you enjoy pursuing your hobbies with?
一緒にその趣味を楽しんでおられる人はいますか？

Do you have a regular group or partner for your hobbies?
趣味のための定期的なグループとかパートナーはいますか？

Who do you enjoy your hobby with?
誰と趣味を楽しんでいますか？

Who do you usually engage in your hobby with?
たいてい誰と趣味を楽しんでいますか？　☞engage in~「～に従事する、～に没頭する」

応用してみよう

好きな個所、自分に適した文を選び、組み合わせてみましょう。

ショートスピーチ編

1

3_016

I have several hobbies, but my main hobby is playing soccer. I have been practicing this activity on my days off with my friends. I started doing this when I saw Japanese soccer players playing for famous soccer clubs overseas. If you are also interested in playing soccer, let's play together sometime.

私にはいくつか趣味がありますが、主な趣味はサッカーをすることです。休みの日には友人たちとサッカーをしています。サッカーを始めたきっかけは、日本のサッカー選手が海外の有名クラブで活躍しているのを見たことでした。もしみなさんもサッカーに興味があったら、いつか一緒にやりましょう。

2

3_017

My hobby is cosplay. I have a regular group for this hobby. On weekends, we gather together and each of us becomes the protagonist of our favorite cartoon. My favorite cartoon character is Sailor Moon, known for her line, "I'll punish you on behalf of the moon." I find it very enjoyable because I get to be someone different.

【protagonist（劇、物語などの）主人公、主役　on behalf of ~ ～の代わりに、～の代理で】

私の趣味はコスプレです。この趣味のために定期的に集まるグループがあります。私たちは週末に集まって、それぞれ、お気に入りの漫画の主人公に扮するのです。私のお気に入りの漫画のキャラクターは「月に代わってお仕置きを」のセリフで知られているセーラームーンです。自分とは異なる人物になるのでとても楽しいです。

3

3_018

I love singing Japanese pop music at karaoke. Whenever I have free time, I always go to a karaoke bar alone and sing. My favorite songs are the light pop music of Michiko Hanada. When I sing her songs, my stress disappears in an instant. I'm really into singing. However, I'm not necessarily a good singer; I just love to sing.

【not necessarily ~　必ずしも～ではない、まったく～というわけではない】

私はカラオケで日本のポップスを歌うのが大好きです。暇な時はいつも１人でカラオケに行って歌います。私のお気に入りの歌はハナダ・ミチコの軽快なポップスです。彼女の歌を歌うとストレスが一瞬のうちに飛んで行ってしまいます。私は本当に歌にハマっているのです。とはいえ、私が必ずしも歌がうまいというわけではなく、ただ歌うことが大好きなだけなのです。

4

3_019

I like making sweets at home when I have free time. I am especially skilled at baking cakes, particularly chocolate cakes. Just yesterday, my friends enjoyed the ones I had made. My passion for baking began when I happened to visit a restaurant with my boyfriend and tried a delightful dessert. As soon as I returned home that day, I started creating my own sweets.

【happen to ~　たまたま～する、偶然～する】

私は暇なときは家でスイーツを作るのが好きです。とりわけお菓子作り、特にチョコレートケーキは得意です。つい昨日も、友人たちは私が作ったチョコレートケーキを美味しそうに食べてくれました。私のケーキ作りに対する情熱は、ボーイフレンドとたまたま立ち寄ったレストランで美味しいデザートを食べたときから始まったのです。その日、帰宅するとすぐ、私は自分なりのスイーツ作りに取りかかったのでした。

会話編

1

3_020

A: Do you have any hobby?

B: Yes, I do. In fact, I have many hobbies.

A: What's your main hobby?

B: My primary hobby is playing soccer.

A: 何か趣味はありますか？

B: はい、あります。実は、私、多趣味なんです。

A: 主な趣味は何ですか？

B: 主な趣味はサッカーをすることです。

2

3_021

A: I have two hobbies.

B: What are they?

A: They are collecting old coins and drawing pictures. How about you?

B: One of my hobbies is playing the piano.

A: What kind of music do you play?

B: I mainly play Chopin's music.

A: 僕には 2 つ趣味があるんだ。

B: それはなに？

A: 古いコインの収集と絵を描くこと。君は？

B: 私の趣味の一つはピアノを弾くこと。

A: どういった音楽を演奏するのかな？

B: 主にショパンの音楽を弾くの。

3

3_022

A: Tell me about your hobby if you have one.

B: Do you mean if I have a particular hobby?

A: Yes, exactly. What is it?

B: I have a passion for a specific hobby.

A: What is that?

B: Learning foreign languages, especially, I'm into studying English.

A: もし趣味があったら教えて。

B: これといった趣味があるかってこと？

A: そう、そういうこと。なにかしら？

B: ある特定の趣味に情熱を抱いてるんだ。

A: それって何なの？

B: 外国語の学習、特に英語の勉強にハマってるのさ。

4

🔊 3_023

A: My main pastime is gardening.

B: What flowers do you grow?

A: The flowers I grow depend on the season.

B: What flowers are you growing this time of year?

A: I am currently growing all kinds of lilies. Beautiful lilies are blooming in my garden.

【depend on~ ～次第である、～によって決まる　this time of year この時期、今の季節 bloom（花が）咲く】

A: 私の主な趣味はガーデニングなの。

B: どういった花を育てているんだい？

A: 育てる花は季節によるわね。

B: 今の時期はどんな花を育てている？

A: この時期は、あらゆる種類のユリね。美しいユリが庭で咲き誇っているわよ。

5

🔊 3_024

A: Do you have a hobby?

B: No, I don't. I don't have any hobbies.

A: How come?

B: I haven't found a hobby that interests me.

【How come = why】

A: 趣味はありますか？

B: いや、ないね。無趣味さ。
A: どうして？
B: 僕の興味を引くような趣味にまだ出会ってないからさ。

6

🔊 3_025

A: What do you like to do on your days off?
B: I enjoy eating out. It's one of my favorite pastimes.
A: How long have you been doing that?
B: For about three years, I think.

A: 休みの日は何をするのが好き？
B: 食べ歩きね。それが私のお気に入りの趣味の一つよ。
A: それって、どれくらい続けているのかな？
B: 3年くらいだと思う。

7

🔊 3_026

A: What do you do in your free time?
B: I occupy my free time with a hobby.
A: What is your hobby?
B: Cooking. However, it's not just a hobby for me. It's a passionate pursuit.

A: 暇な時は何をしていますか？
B: 時間がある時は趣味で過ごしているけど。
A: どんな趣味ですか？
B: 料理よ。でも、それは私にとって単なる趣味ではなくて、ちょう大好きな趣味なんだ。

8

🔊 3_027

A: Are there any particular hobbies or pastimes that you enjoy?
B: I love singing Japanese pop music at karaoke.
A: Who do you enjoy doing it with?
B: I usually enjoy doing that with my friends.

A: 楽しんでいる特定の趣味、もしくは気晴らしはありますか？
B: カラオケで日本のポップスを歌うのが大好きなの。
A: 誰と楽しんでいるのですか？
B: たいてい友達と楽しく歌っているわよ。

9

🔊 3_028

A: What motivated you to pick up that hobby?
B: I got inspired after watching a Japanese dancer win a world championship on TV.
A: I see.
B: He looked really happy holding the trophy.

A: その趣味を始めるきっかけは何だったの？
B: テレビで日本のダンサーが世界チャンピオンになったのを観て刺激を受けたんだ。
A: なるほど。
B: トロフィーを手にした彼はとても嬉しそうだったね。

10

🔊 3_029

A: What's the duration of your experience with the hobby?
B: I have been into this hobby for over 5 years now. Every week, on my days off, I go sketching at various places.
A: What do you usually sketch?
B: My sketching subjects mainly consist of beautiful natural scenery.

【consist of ~　~から成る、~で構成されている】

A: その趣味を続けている期間はどれくらいですか？
B: この趣味にハマってからもう5年以上だな。毎週、休みの日には色んな所へスケッチに出かけているんだ。
A: 通常は何をスケッチしていますか？
B: 僕のスケッチの対象は主に美しい自然の風景だね。

趣味の語句

My hobby is *taking videos*.（私の趣味は動画撮影です）、I'm interested in *online games*.（私はネットゲームに興味があります）、I'm into *kawaii fashion*.（私はカワイイファッションにハマっています）といった具合にイタリックの部分を自分の興味に合わせて取り換えて使ってみましょう。

ネットゲーム　online games/playing online games
テレビゲーム　TV games
ボードゲーム　board games/playing board games
ネットサーフィン　net surfing/ internet surfing/ web surfing
動画サイトめぐり　watching videos online/ watching videos on the internet
動画撮影　taking videos/ recording videos/ shooting videos
ビデオ制作　making videos
自分の動画を YouTube に載せること　uploading my videos
写真撮影　taking pictures/photography
デジカメで写真をとること　taking pictures with my digital camera
映画鑑賞　watching *movies*　☞ thriller movies、psycho-thriller movies（サイコスリラー映画）、horror movies、mystery movies、suspense movies、romantic comedy movies、sci-fi movies（＝science fiction movies）、action movies、adventure movies、comedy movies、drama movies、documentary movies、porno movies（＝blue movies; erotic films; pornography）、western movies（＝cowboy movies「西部劇映画」）、*samurai* movies、*Ninja* movies、Japanese movies、Hollywood movies、Bollywood movies（＝Indian movies「インド映画」）　☞ movie＝film;（俗）flick

TV 鑑賞　watching TV
読書　reading
小説を読むこと　reading novels
小説を書くこと　writing novels
コスプレ　costume play
コスプレをすること　cosplaying
日記をつけること　keeping a diary
俳句を書くこと　writing *haikus*
漫画を読むこと　reading comic books/reading comics
漫画を画くこと　drawing comics

歌うこと　singing　　歌を歌うこと　singing songs
カラオケで歌うこと　singing at karaoke/singing karaoke
音楽鑑賞　listening to music
クラシック音楽を聴くこと　listening to *classical music*　☞ jazz music、pop songs、Japanese enka、the Beatles
ピアノ演奏　playing the *piano*　☞ guitar、violin、cello、drums など。
作詞作曲をすること　writing lyrics/ composing lyrics
絵を描くこと　painting pictures（絵の具を用いて絵を描くこと）
絵を描くこと　drawing pictures（鉛筆、インク、クレヨンなどを使って対象物を画くこと）
人物画を画くこと　drawing portraits
風景画を描くこと　painting landscapes
人の似顔絵を描くこと　drawing portraits of people
スポーツ　sports　　スポーツをすること　playing sports
野球をすること　playing *baseball*　☞ tennis、soccer、basketball など。
柔道をすること　doing *judo*　☞ karate、kendo、sumo など、武道は do ~、practice ~ です。
スポーツ観戦　watching sports games
野球観戦　watching *baseball* games　☞ tennis、soccer、basketball など。
サイクリング　cycling　　キャンプ　camping
ハイキング　hiking
登山　mountain climbing/ climbing in the mountains/ climbing
山歩き　hiking in the mountains/ mountain hiking
ロッククライミング　rock climbing
体を鍛えること　working out
散歩　taking a walk/walking/strolling
水泳　swimming　　ダイビング　diving
スキューバダイビング　scuba diving　　サーフィン　surfing
ソロキャンプ　solo camping　　フィッシング　fishing
川釣り　river fishing　　海釣り　sea fishing
旅行　traveling　　観光旅行　sightseeing trip
国内旅行　domestic travel/ domestic trip/local trip/ national trip/ traveling locally/ traveling around the country
海外旅行　overseas trip/ international trip/ trip abroad/ foreign trip/

overseas travel/ traveling overseas/ traveling abroad/ vacation abroad/ holyday abroad

お菓子作り　cake making/confectionary making/making sweets
食べ歩き　eating out　　料理　cooking
日本料理作り　cooking *Japanese food*　☞ French food、Italian food、Chinese food
ガーデニング　gardening　　盆栽　bonsai/ bonsai trees
野菜作り　growing *vegetables*　☞ flowers、roses、camellias（ツバキ）
編み物　knitting　　手芸　handicraft
ビーズアクセサリー作り　making beads accessories
洋服作り　making *dresses*　☞ kimonos
切手収集　collecting *stamps*　☞ old coins、trading cards、toys、figures、records、antiques、insects、butterflies、cicadas（セミ）、dragonflies（トンボ）、stag beetles（クワガタ）、rhinoceros beetles（カブトムシ）、plants、fossils（化石）
ショッピング　shopping
ウインドーショッピング　window shopping
茶道　tea ceremony　　生け花　flower arrangement
ダンス　*dancing*　☞ street dancing、hip hop dancing、break dancing、tap dancing、ballroom dancing、belly dancing、salsa dancing、hula dancing、bebop dancing、dancing the samba（サンバを踊ること）、dancing the flamenco（フラメンコを踊ること）、dancing the hula、dancing aerobics（＝aerobics dancing）、jazz dancing、dancing ballet
ファッション　fashion
かわいいファッション　*kawaii* fashion
オフィスカジュラルファッション　business casual fashion
デザイナーズファッション　designer fashion
ガーリーファッション　girly fashion

55 将来の夢

将来の夢や目標を他人に話すことで自分の行動や選択をより意識し、それに向かって惜しまず努力をするようになるでしょう。また、他人に自分の意図や決心を表明することで、共通の興味や目標を持つ人との関係を構築する機会が増え、役立つ知識や、情報あるいはヒントといったものを得ることができるはずです。そこで、夢や将来の目標について述べる際に使われる表現の代表的なものを以下に掲げます。

I have a dream ~（私には～の夢があります）

3_030

I have a big dream.
私には大きな夢があります。

I have a dream that I have had since I was a little boy.
私には小さい頃からの夢があります。

I have a dream that I really want to realize.
私にはぜひとも実現したい夢があります。☞realize＝achieve

I have a dream that I am striving to realize.
私には実現しようと努力している夢があります。☞strive to＝aim to

I have a dream to become a doctor.
私には医者になるという夢があります。☞to become＝of becoming

I have a dream of becoming a lawyer to help people in need.
私には困っている人々を助ける弁護士になるという夢があります。
☞of becoming＝to become

I have a dream, but it is too big to share with others because I'm too embarrassed.
私には夢がありますが、それが大きすぎて恥ずかしいので人には言えません。

I have a big dream that I can't seem to achieve.
私には実現できそうにない大きな夢があります。

My dream is ~（私の夢は～です）

🔊 3_031

My dream is to become a millionaire.
私の夢は億万長者になることです。☞become＝be

My dream is to start my own business.
私の夢は起業することです。☞to start＝of starting

My dream is to establish an IT company within 10 years.
私の夢は 10 年以内に IT 会社を設立することです。☞to establish＝of starting

My ultimate goal is ~（私の最終目標は～です）

🔊 3_032

My ultimate goal is to live a happy and prosperous life.
私の最終目標は幸せで豊かな人生を送ることです。☞prosperous「豊かな、裕福な」

My ultimate goal is to become a popular YouTuber.
私の最終目標は人気の YouTuber になることです。

My ultimate goal is to be president of ABC Inc.
私の最終目標は ABC 社の社長になることです。
☞Inc は法人企業や株式会社を表す語で、会社名の後につける

One of my goals is ~（私の目標の一つは～です）

🔊 3_033

One of my goals is to become a person who can contribute to world peace.
私の目標の一つは世界の平和に貢献できる人物になることです。

One of my goals is to become an English teacher.
私の目標の一つは英語の教師になることです。☞an English teacher＝a teacher of English

One of my goals is to find a nice man and get married.
私の目標の一つは素敵な男性を見つけて結婚することです。

My long-term goal is ~（私の長期目標は～です）

🔊 3_034

My long-term goal is to learn multiple languages and become a skilled polyglot.
私の長期目標は多言語を学び腕の立つ多言語話者になることです。
☞polyglot「複数の言語を話す人」→ polyglot nation「多言語国家」

My long-term goal is to become a scientist and make significant discoveries.
私の長期目標は科学者になって重要な発見をすることです。
☞significant = important

My long-term goal is to establish a technology that will lead to the happiness of mankind.
私の長期目標は人類の幸福につながる技術を確立することです。

I'm determined to ~（私は～する決心です） 3_035

I'm determined to study abroad in the United States.
私はアメリカへ留学する決心です。

I'm determined to go to graduate school and study Economics.
私は大学院へ進学して経済の勉強をする決心です。

I am determined to get my PhD in Economics.
私は経済学で博士号を取る決心です。

I'm committed to ~（私は～に全力を注いでいます） 3_036

I'm committed to working tirelessly to fulfill my lifelong dreams.
私は生涯の夢をかなえるべくたゆまぬ努力をしています。☞tirelessly「休むことなく」 ☞fulfill「（計画・約束などを）実行する、遂行する、実現する」

I am committed to being a competent surgeon.
私は有能な外科医になるべく全力を尽くしています。

I'm committed to become an author and write stories that inspire and entertain readers.
私は作家になって、読者を感動させ楽しませる物語を書くために全力を注いでいます。

I hope to achieve ~（私は～を達成したいと思っています） 3_037

I hope to achieve my dream of becoming a billionaire.
私は億万長者になるという夢を達成したいと思っています。

I hope to achieve something big in life.
私は人生で何か大きなことを達成したいと思っています。

I hope to achieve success in my career.
私はキャリアで成功を収めたいと思っています。

I hope to achieve my dream of becoming a person who can contribute to society.
私は社会に貢献できる人物になる夢を実現したいと思っています。

I want to ～（私は～したいです）

3_038

I want to be a scientist who can make people in the world happy.
私は世界の人たちを幸せにすることができる科学者になりたいです。

I want to achieve good grades on my exams.
私は試験で良い成績を取りたいです。

I want to achieve the feat of an 'A' in every subject.
＝ I want to earn an 'A' in every subject.
私は全科目 A という偉業を達成したいです。☞feat「偉業、功績、手柄」

I want to achieve a work-life balance.
私は仕事と人生のバランスを取りたいです。

I'm passionate about ～（～に情熱を傾けています）

3_039

I'm passionate about learning new languages.
私は新しい言語を学ぶことに情熱を傾けています。

I'm passionate about pursuing my dreams.
私は自分の夢を追い求めることに情熱を傾けています。

I'm passionate about creating music that touches people's hearts.
私は人々の心に触れる音楽を作ることに情熱を傾けています。

I'm passionate about helping others and making a positive impact.
私は他人を助け、ポジティブな影響を与えることに情熱を傾けています。

I aspire to ~（～することを熱望しています） 🔊3_040

I aspire to contribute to the betterment of society.
私は社会の改善に貢献したいです。☞betterment「（社会などの）向上、改善、発展」

I aspire to travel the world and experience different cultures.
私は世界を旅して異なった数々の文化を体験したいです。

I aspire to make a positive impact on society through my work.
私は仕事を通して社会にポジティブな影響を与えたいです。

I aspire to become a respected leader in my field.
私は自分の分野で尊敬されるリーダーになりたいです。

I aspire to lead a balanced and fulfilling life.
私はバランスの取れた充実した人生を送りたいです。☞fulfilling「充実した」

I'm working hard to ~（～するために懸命に頑張っています） 🔊3_041

I'm working hard to achieve my goals and dreams.
私は自分の目標と夢を実現すべく懸命に頑張っています。

I'm working hard to become an international lawyer.
私は国際弁護士になるために懸命に頑張っています。

I'm working hard to be a bridge between Japan and the United States.
私は日本と合衆国の懸け橋になるべく懸命に頑張っています。

I'm working hard to achieve financial stability.
私は財政上の安定を図るべく懸命に頑張っています。

夢を実現する 🔊3_042

I will do whatever it takes to make my dream come true.
私は自分の夢を実現するためなら何でもします。☞do whatever it takes to~「～するのに必要なことは何でもする」

I'm willing to work hard to achieve my dream of becoming a major leaguer.
私は大リーガーになる夢をかなえるための努力を惜しみません。☞be willing to~「～する意志がある、～してもかまわない」 ☞achieve one's dream「夢をかなえる」

I have never considered giving up on my dream.
私は自分の夢を諦めるなんてことは一度も考えたことがありません。
☞give up on~ = give up「～を諦める、に見切りをつける」

I will never give up until I realize my dreams.
私は夢を実現するまでは決して諦めません。☞realize one's dream「夢を実現させる」

I would rather die than give up on my dreams.
夢を諦めるくらいなら私は死んだほうがましです。

夢を断念

🔊 3_043

I cannot make my dream come true.
夢を実現することができません。

I am unlikely to realize my dream.
夢を実現できそうにありません。

Unfortunately, I may have to give up my dream.
残念ながら、夢を諦めなければならないかも知れません。

I gave up on my dream halfway through.
= I gave up my dream in the process.
私は途中で夢を断念しました。☞halfway through「途中で」→ in the process「過程で、途中で」

I had to give up my dream for health reasons.
私は健康上の理由で夢を断念せざるを得ませんでした。

I had a dream when I was a child, but not anymore.
子どもの頃は夢がありましたが、今はもうありません。

Having a dream is not the same as realizing it.
夢を持つこととそれを実現することは別です。

Anyone can have a dream, but only few can realize it.
夢を持つことは誰にでもできるが、それを実現できるのはほんの少数の人でしかありません。

夢や目標がない

🔊3_044

I have no dream now.
今、私に夢はありません。

Currently, I have neither dreams nor goals.
今のところ、夢も目標もありません。

I'm currently in search of my dream.
現在、夢を探しているところです。☞be in search of~「～を探し求めている」

At the moment, I'm in a state where I don't know what I should do in the future.
今のところ、自分が将来、何をしたいのかわからない状態にいます。
☞at the moment「今のところ」 ☞in the future「将来は、今後は」

I'm currently unable to find my goal.
今のところ、目標を見つけられずにいます。☞currently「目下、現在は」

I feel like I'm lacking dreams or goals.
私には夢、目標が欠けているような気がします。

I'm feeling lost and unsure about what I want to achieve.
自分が何をやりたいのか戸惑い、迷っています。
☞feel lost and unsure「戸惑い、迷っている」

I haven't been able to find something that truly inspires me.
自分にやる気を起こさせるものを見つけられないでいるのです。
☞inspire「（人を）奮い立たせる、鼓舞する」

I am just trying to make ends meet and I cannot afford to have dreams.
生活するのに精いっぱいで夢を持つ余裕はありません。
☞make ends meet「生計をやりくりする」 ☞cannot afford to ~「（経済的・時間的に）～する余裕がない」

56 夢や目標を尋ねる

相手の夢や目標を尋ねることで、その人の価値観や人生観を知ることができ、より深いレベルでのコミュニケーションが可能となり、人間関係の強化へとつながっていく可能性があります。

🔊3_045

Do you have a dream?
あなたに夢はありますか？

What's your dream?
あなたの夢は何ですか？

What is your ultimate dream?
あなたの最終的な夢は何ですか？　☞ultimate「究極の、最終的な」

What are your long-term goals?
あなたの長期の目標は何ですか？　☞long-term「長期の」

What are your dreams and goals?
あなたの夢や目標は何ですか？

What are your aspirations?
あなたの目標は何ですか？　☞aspiration「強い願望、野心」

Do you have any dreams or goals you're working towards?
あなたは取り組んでいる夢か目標がありますか？
☞work towards ~「～に向けて努力する、～に向かって邁進する」

What do you aspire to achieve?
あなたは何を達成したいのですか？

What do you hope to achieve in the future?
将来あなたは何を成し遂げたいと思っていますか？
☞in the future「将来は、これから」

What are you striving for in life?
あなたは人生で何を追い求めていますか？
☞strive for~「～を求めて努力する、～を目指して努力する」

If you could do anything in the world, what could be your dream?
もしこの世で何でもできるとしたら、その夢は何ですか？

Tell me about your dreams and goals.
あなたの夢や目標を教えてください。

Please share with me your dreams that you would love to accomplish.
あなたが是非とも成し遂げたいと思っている夢を教えてください。☞share with me「共有して、教えて」 ☞accomplish「（目標・計画・仕事などを）成し遂げる、果たす」

夢を持つに至った理由を尋ねる

🔊3_046

What led you to your current dream?
あなたが現在の夢を持つに至った理由は何ですか？
☞lead A to~「A を～へ導く、A を～するよう誘導する」

What led you to have this dream?
どうしてこのような夢を持つに至ったのですか？

What inspired you to pursue this dream?
何でこの夢を追い求めることになったのですか？
☞inspire someone to~「人を鼓舞して～させる」

I'd love to know what inspired you to pursue this dream.
この夢を追い求めることになった理由をすごく知りたいです。

Tell me how you came to have your current dream.
現在の夢を持つに至った理由を話して。

Would you mind sharing the reasons behind your dream?
あなたの夢の背景にある理由を話していただけますか？
☞reasons behind~「～の背景にある理由」

Could you share what motivated you to pursue this dream?
この夢を追い求めることになったきっかけを話していただけますか？
☞motivate someone to~「人を～する気にさせる」

夢を断念した理由を尋ねる

🔊 3_047

What are your reasons for giving up on your dreams?
あなたが夢を諦めた理由は何ですか？

What made you give up on your dream?
どうして夢を諦めたのですか？

What led you to abandon your dream?
何があなたの夢を断念させたのですか？　☞lead someone to~「人を導いて～させる、人に～させる」　☞abandon「捨てる、断念する」

Can you tell me why you gave up on your dream?
夢を諦めた理由を話してくれる？

Could you explain the reasons behind giving up on your dream?
夢を諦めた背景にある理由を説明していただけますか？

応用してみよう

好きな個所、自分に適した文を選び、組み合わせてみましょう。

ショートスピーチ編

1

🔊 3_048

I have a dream. I have had this dream since I was a little boy. My dream is to become a master of English and contribute to world peace. The world is currently in turmoil, and many people are suffering. That is why I want to be of service to them in any way I can. To realize this dream, I plan to study abroad at a foreign university to improve myself.

【be in turmoil 混乱状態にある】

私には夢があります。私は幼い頃からこの夢を持っていました。私の夢は英語の達人になって世界平和に貢献することです。現在、世界は混とんとしており、多くの人たちが苦しんでいます。だからこそ、私は何としても彼らの役に立ちたいのです。私はこの夢を実現するために、海外の大学に留学して自分を磨くつもりです。

2

3_049

I have a dream. I dream of becoming a billionaire. To achieve this goal, I am currently studying Economics, Management, and Law at university. I believe that a solid understanding of these fields is necessary, at the very least, to fulfill my dream. After graduating from university, I intend to pursue a Master of Business Administration at a graduate school in the U.S. to further enhance my skills and knowledge.

【solid 確かな、堅実な　at the very least 少なくとも　enhance（能力・度合などを）高める】

私には夢があります。大富豪になる夢です。この目標を達成するために、私は現在、経済、経営、それに法律を大学で勉強しています。自分の夢を実現するには、最低でも、こうした分野についての確かな理解が必要だと考えているからです。大学卒業後は己のスキルと知識をさらに高めるためにアメリカの大学院で MBA を取得するつもりです。

3

3_050

I want to achieve something big in life. As a start, I would like to achieve good grades on my exams. More precisely, I want to accomplish the feat of earning an 'A' in every subject. I have been an average student all my life. I have never stood out and my grades have been mediocre. My mother has always told me to study more. So, I want to surprise everyone by getting top grades in all my subjects. That is my current dream, which is quite amusing, isn't it?

【mediocre　平凡な、可もなく不可もない】

私は人生で何か大きなことを成し遂げたいのです。手始めに、試験で良い成績を取りたいと思っています。より正確に言えば、全科目で A 取得という偉業を達成したいのです。私はこれまでずっと並みの学生でした。目立ったことは一度もなく、私の成績も平凡でした。母はいつも私にもっと勉強しなさいと言っていました。だから、私は全科目で一番の成績を取り、皆を驚かせたいのです。それが私の現在の夢です。とても面白いでしょ？

4

🔊 3_051

I had a dream when I was a child, but not anymore. My dream was to play baseball in the major leagues, but I had to give it up for health reasons. It is very sad to admit this, but having a dream is not the same as realizing it. Anyone can have a dream, but only few can realize it.

子どもの頃、私には夢がありました。でも、もうありません。私の夢は大リーグで野球をすることでしたが、健康上の理由からそれを断念せざるをえませんでした。これを認めるのはとても悲しいことですが、しかし夢を持つこととそれを実現することは違います。誰でも夢を持つことはできますが、それを実現できる人はほんの僅かでしかないのです。

5

🔊 3_052

At the moment, I'm in a state where I don't know what I should do in the future. I am currently unable to find my goal. I feel lost and unsure about what I want to achieve. In fact, I haven't been able to find something that truly inspires me.

今のところ、私は将来、何をすべきかわからない状態です。現在、自分の目標が見つけられません。自分が何をなし遂げたいのか戸惑い、迷っています。実際、私は真にやる気を起こさせるものを見つけられないでいるのです。

会話編

1

🔊 3_053

A: Do you have a dream?
B: Yes, I do.
A: What's your dream?
B: My dream is to start my own business.

A: あなたに夢はありますか？
B: ええ、あります。
A: その夢は何ですか？
B: 私の夢は起業することです。

2

🔊 3_054

A: What's your ultimate dream?

B: My ultimate dream is to live a happy and prosperous life.

A: That's my dream too.

A: あなたの最終的な夢はなに？
B: 僕の究極の夢は幸せで豊かな人生を送ることさ。
A: 私の夢もそうよ。

3

🔊 3_055

A: I'm committed to working tirelessly to fulfill my lifelong dream.

B: What's your lifelong dream?

A: To become a bridge between Japan and the United States.

B: That's wonderful. I hope you'll fulfill your dream.

A: 私は生涯の夢を叶えるべくたゆまぬ努力をしています。
B: あなたの生涯の夢って何ですか？
A: 日米の懸け橋になることです。
B: それは素晴らしい。その夢、実現されることを願っています。

4

🔊 3_056

A: One of my two goals is to become an English teacher.

B: What's the other one?

A: The other one is to become a person who can contribute to world peace.

A: 私の２つの目標のうちの一つは英語教師になることなの。
B: もう一つはなに？
A: もう一つのほうは世界平和に貢献できる人になること。

5

🔊 3_057

A: I have a dream of becoming a lawyer to help people in need.
B: You need to work hard to realize it, you know.
A: Sure. I will do whatever it takes to make my dream come true.

【you know でしょ、だよね、じゃない→文末につけて同意、賛同、共感などを求める表現】

A: 私の夢は困っている人を助ける弁護士になることなんだ。
B: それを実現するには大変な努力が必要だよ。
A: もちろん。私は自分の夢を実現するためなら何でもするさ。

6

🔊 3_058

A: Tell me about your dreams and goals.
B: Currently, I have neither dreams nor goals.
A: How come?
B: I haven't been able to find something that truly inspires me.

A: あなたの夢と目標を教えて。
B: 今のところ、夢も目標もないよ。
A: どうして？
B: 自分にやる気を起こさせるものを見つけられないでいるから。

7

🔊 3_059

A: I may have to give up my dream.
B: Don't be so wishy-washy. I have never considered giving up on my dream.
A: You can say that because you are mentally strong and hardworking.
B: Try to be more positive. You have talent.

【wishy-washy 優柔不断な→意志の弱さや意志の弱い人に使われる】

A: 私、夢を諦めなければならないかも。
B: そんなに弱気でどうする。俺なんか、自分の夢を諦めるなんて考えたこともないぜ。

A: あなたは精神的に強いし、それに頑張り屋だからそんなことが言えるのよ。
B: もっとポジティブなれよ。君は才能があるんだから。

8

3_060

A: I've heard you gave up your dream of studying abroad in the United States.
B: Yeah. I had to give it up halfway through.
A: Can you tell me why you gave up your dream?
B: Well, I had to give it up for health reasons.
A: I'm sorry to hear that.

A: 君はアメリカ留学の夢を諦めたって聞いたけど。
B: そう。途中で諦めざるを得なくなってさ。
A: 夢を諦めた理由を教えてくれる？
B: うん、健康上の理由で諦めなければならなかったんだ。
A: それは気の毒だな。

9

3_061

A: Please share with me your dreams that you would love to accomplish.
B: None. I feel like I'm lacking dreams or goals.
A: You don't have any dreams or goals at all?
B: That's right. At the moment, I'm in a state where I don't know what I should do in the future.

A: ぜひとも成し遂げたいと思っているあなたの夢を教えてください。
B: 一つもないの。私、夢や目標が欠けているみたい。
A: 夢とか目標が全然ないって？
B: そうなの。今のところ、自分が将来、何をしたいのかわからない状態なのよね。

10

3_062

A: If you could do anything in the world, what could be your dream?
B: First of all, I want to be a millionaire.

A: Why do you want to be a millionaire?

B: Because with great wealth, you can do whatever you want to do.

A: Can you give me an example?

B: Well, if I were a millionaire, I could provide financial assistance to underprivileged children.

【underprivileged 恵まれない】

A: もしこの世で何でもできるとしたら、その夢は何でしょうか？

B: まず、大富豪になりたいね。

A: どうして大富豪になりたいのですか？

B: 理由は、莫大な富があれば、したいことが何でもできるでしょ。

A: 一例を挙げてくれますか？

B: つまり、もし私が大富豪だったら、恵まれない子どもたちに経済的援助をすることができるでしょ。

57 座右の銘

自己紹介の際に座右の銘を話すことで自分の価値観や信念を暗示することができるでしょう。一般的に座右の銘は簡潔なフレーズのものが多いため、あなたが信じている座右の銘を伝えることで、あなたの考えや人生の指針をよりわかりやすく伝えられるかも知れません。また、相手が同じような価値観を持っている場合、座右の銘を共有することで共感や結びつきを感じることができるでしょう。

私のモットー

🔊 3_063

I have a motto.
私には座右の銘があります。

I have a motto that I always tell myself.
私はいつも自分に言い聞かせるモットーがあります。

My motto is "Never forget your original intention."
私のモットーは「初心忘るべからず」です。

I have a phrase I tell myself when I am about to lose confidence.
私は自信を失いかけた時に自分に言い聞かせる言葉があります。☞be about to ~「まさに～しようとしている」

It is "I can do it."
それは「自分にはできる」です。

There is a phrase I tell myself when I am faced with a challenge.
私は難題に直面した時に自分に言い聞かせる言葉があります。

It is "Anything is possible."
それは「なんだって可能だ」です。

It is "Everything is gonna be all right."
それは「すべてうまくいくさ」です。☞gonna = going to

The phrase I always tell myself is "Continuity is power."
私がいつも自分に言い聞かせている言葉は「継続は力なり」です。

The phrase I always keep in mind is "Believe in myself."
私がいつも心にとどめている言葉は「自分を信じろ」です。

Whenever I'm feeling down, there is one thing I always tell myself. It is "Keep your head up."
私は落ち込んでいるとき、いつも自分に言い聞かせる言葉があります。それは「元気を出して」です。

I now have a saying that I would like to adopt as my motto.
今、私のモットーとして採用したいことわざがあります。
☞saying「ことわざ、格言」

There is a British proverb that I would like to make my motto.
私のモットーにしたいイギリスのことわざがあります。☞proverb ＝ saying

座右の銘の出所

🔊 3_064

I take a Japanese proverb as my motto.
私は日本のことわざを自分のモットーにしています。

It is "Many a little makes a mickle."
それは「塵も積もれば山となる」です。☞mickle「多量、たくさん」→スコットランドのことわざでもある。

This proverb means even small actions, if continued over time, will eventually lead to a big result.
このことわざは、些細な行動も時間をかけて継続していくと、やがては大きな結果につながるというものです。☞over time「長時間かけて、そのうち」 ☞eventually「最終的に、そのうち、いずれは」

I take as my motto the phrase Shakespeare used in *King Lear* "Nothing will come of nothing."
私はシェークスピアが『リア王』の中で使ったフレーズ「無からは何も生まれない」を自分のモットーにしています。☞William Shakespeare, 1564 – 1616、『リア王』（1605）は彼の四大悲劇の一つ

This phrase means if you do nothing, nothing will happen.
このフレーズの意味は「何もしなければ何も起こらない」ということです。

I took a line from the Bible as my motto.
私は自分のモットーとして聖書から１行取りました。

I took one famous line from Chaplin as my motto.
私はチャプリンの有名なセリフを自分のモットーにしました。

I have made my own words my motto.
私は自分の言葉をモットーにしています。

58 座右の銘として好まれるフレーズ

座右の銘は自分の信念やモチベーションを表現するためのもので、一般的に努力の大切さ、一日一日を大切に生きること、挑戦と経験を通しての成長、夢や目標を忘れず追い続けること、逆境に立ち向かい乗り越えていく勇気、真摯な態度で人生を生きること、そして人との絆を大切にするなどといったメッセージを簡潔な表現で伝えるものが好まれます。ここで掲げたフレーズはその一例です。皆さんの価値観や目標に合わせて選んでみましょう。なお、これらは自分に言い聞かせるだけでなく、友人へのアドバイスや激励の言葉としても使えますので、楽しい会話の中で利用してください。

夢を持て

3_065

Drive your dreams.
夢を推進せよ。☞夢の実現を推進しなさい。☞drive「(物事を) 推進する、活発にする」

Never stop dreaming.
夢見ることを絶対にやめてはいけない。☞決して夢を諦めるな。

Never give up on your dreams and your goals.
夢や目標を絶対に諦めないで。

Dream without fear.
恐れることなく夢を見ろ。☞失敗を恐れて挑戦しないのはもったいない。

Turn your dreams into reality.
夢を実現させなさい。

Dream big. Work hard. Make it happen.
夢は大きく、努力して、実現させなさい。☞make it happen「それを実現させる」

You can make your dreams a reality if you believe in them.
夢を信じれば夢は実現できる。☞make ~ a reality「～を実現させる」

If you can dream it, you can do it.
夢見ることができれば、成し遂げることができる。
☞dream「（実現が難しいことを）夢見る、切望する」

Life is all about dreams, never let go of them.
人生は夢がすべて、決して手放してはいけない。☞be all about ~「～が大切である、～の最も肝心なところ」 ☞let go of~「（手に握っているものを）放す、手放す」

It's never too late to focus on your dreams.
自分の夢に取り組むのに遅すぎることはない。→歳を取ったからといって夢を諦めてはいけない。☞focus on~「～に焦点を合わせる、～に心を注ぐ、～に重点的に取り組む」

行動せよ

🔊 3_066

You never know until you try.
やってみるまでわからない。→何事もやってみなければわからない。
☞行動を促す表現

Give it a try.
試してみろ。→とりあえず挑戦してみよう。

Better late than never.
遅れてもやらないよりはまし。☞何事もしないよりは遅くてもやったほうがよい。だから今すぐ始めよう。

It always seems impossible until it's done.
ことが行われるまではいつも不可能に見えるもの。☞何事も成し遂げられるまでは不可能に思えるもの。だから行動と努力で不可能が可能になる→ Nelson Mandela（1918 – 2013）南アフリカ共和国元大統領

The future starts today, not tomorrow.
未来は今日始まる、明日ではない。☞今すぐ行動することが大切。

努力せよ

🔈 3_067

Hard work pays off.

努力は報われる。→懸命に頑張れば報われる。☞pay off「利益を生む、報われる」

No pain, no gain.

痛み無くして得るもの無し。☞労力が無ければ得るものはない→ことわざ

Without haste, but without rest.

急がずに、だが休まずに。→急がずに、しかし休まず努力を続けよう→ Johann Wolfgang von Goethe（1749 – 1832）ドイツの詩人・小説家

Genius is 1 percent inspiration and 99 percent perspiration.

天才とは 1 パーセントの閃きと 99 パーセントの汗である。→偉業は発明の才より努力にかかっている。☞perspiration 汗→ Thomas Alva Edison（1847 – 1931）アメリカの発明家・起業家

You have to learn to walk before you run.

走る前に歩くことを学ばねばならない。→何かを成し遂げるにはまず基本をしっかり学ぶことが必要である→ことわざ

Everybody has talent, but ability takes hard work.

皆才能を持っている、だが能力には努力が必要。→誰もが才能を持っているが、能力を得るためには大変な努力が必要である。☞take「要する、必要である」→ Michael Jordan（1963 – ）アメリカの元バスケットボール選手・実業家

Stay hungry. Stay foolish.

ハングリーでい続けよ、愚かでい続けよ。→いつまでも現状に満足したり、常識や分別にとらわれないでいろ→ Steve Jobs（1955 – 2011）アメリカの起業家・実業家で Apple の創業者・元 CEO

粘り強く

🔈 3_068

Persistence pays off.

粘り強さは報われる。→継続は力なり。☞persistence「粘り強さ、貫き通すこと、持続」

Never give up.

決して諦めるな。→決して諦めず努力を続けろ。

Patience is also a form of action.

忍耐も行動の一つの形だ。→忍耐することも行動することと同じである。☞patience「忍耐、我慢、根気」→ Francois-Auguste-Rene Rodin（1840 – 1917）フランスの彫刻家

冒険

🔊 3_069

Nothing ventured, nothing gained.
冒険なしで得るものなし。☞危険を冒さなければ何も得られない。→ことわざ

Better hazard once than always be in fear.
恐れてばかりいるより、一度危険を冒すほうがよい。→恐れてばかりいないで一度は思い切ってやってみなさい。☞hazard「危険を冒す、思い切ってやってみる」☞be in fear「怯えている、びくびくしている」

自分を信じて

🔊 3_070

Don't lose faith.
信念を失うな。
☞周りに流されることなく、自分の軸をしっかり持っていろ→ Steve Jobs（1955 – 2011）アメリカの起業家・実業家・Apple の創業者の一人・元 CEO

Have faith in yourself. = Believe in yourself.
自分自身を信じなさい。

Never underestimate your power.
自分の力を決して過小評価してはならない。☞自分の持っている力を信じなさい。☞underestimate「過小評価する、実際より低く見積もる」

Believe in yourself.
自分自身を信じなさい。☞自分に自信を持つこと。

チャンスをとらえる

🔊 3_071

Seize the day.
この日をつかめ。→今を楽しみ、チャンスが訪れたらつかめ。☞seize「つかむ、捕らえる」→ Horatius（紀元前 65 年 – 紀元前 8 年）古代ローマ時代の詩人

There is no time like the present.
今に勝る時はない。→今でしょう、今できることは今しよう。

Opportunity only knocks once.
機会は一度だけノックする。→好機は一度しか訪れない。→ことわざ

Tomorrow is another day.
明日は別の日。→今日うまくいかなくて明日にはチャンスが訪れるかもしれない。→ Margaret Mitchell（1900 – 1949）アメリカの小説家

In the middle of difficulty lies opportunity.
困難の真っ只中にチャンスがある。☞厳しい局面を迎えた時にこそチャンスは存在する。逃げず、ポジティブな姿勢で困難を解決せよ→ Albert Einstein（1879 – 1955）ドイツ生まれの理論物理学者

There's always next time.
必ずまたの機会がある。☞いつだってチャンスはある。

Take every chance. Drop every fear.
チャンスはすべて見逃さず、恐れはすべて捨てなさい。
☞失敗を恐れず、チャンスを活かせ。

Life always offers you a second chance. It's called Tomorrow.
人生はいつも二度目のチャンスを与えてくれる。それは明日と呼ばれている。
☞やり直すにも、再度試みるにも、また新たなことに挑戦するにも遅すぎることはない。明日という日がある→ Dylan Marlais Thomas（1914 – 1953）ウエールズの詩人・作家

微笑みを忘れるな

🔊 3_072

Smiles bring happiness.
ほほえみは幸せを呼ぶ。

A smile can change the world.
ほほえみは世界を変えることができる。→スマイルは人種偏見や差別など、どんな障壁をも乗り越えさせる力を持っている。

Peace begins with a smile.
平和は笑顔から始まる。→心の平和は笑顔から始まり、笑顔は幸運を引き寄せる。
☞peace ＝ inner peace → Mother Teresa（1910 – 1997）オスマン帝国生まれのカトリック教会修道女

ポジティブ思考で

🔊 3_073

Always look on the bright side of life.
たえず人生の明るい面に目を向けよ。☞つねにポジティブ思考でいこう。
☞look on ＝ look at の文語的表現→コメディ映画 Monty Python's Life of Brian（1979）で歌われた歌詞

Everybody makes mistakes.
誰でも過ちを犯す。☞間違いをしない人はいない。

Nobody is perfect.
完璧な人は誰もいない。

It's not the end of the world.
この世の終わりじゃない。→どんな困難に直面していたとしても、まだ希望はある。元気を出して頑張ろう。

You'll never find a rainbow if you're looking down.
下を向いていたら決して虹は見つからない。→うつむいたままでいたら良いことはない。元気を出して、ポジティブに、そしてオプティミスティックにいこう。→ Sir Charles Spencer Chaplin（1889 – 1977）イギリスの映画俳優・監督・脚本家のセリフで、同じ彼の言葉 Remember, you can always stoop and pick up nothing.（忘れないで、身をかがめてばかりいたら、何も手に入れられない）に同じ

If you can dream it, you can do it.
夢を見ることができれば、それは実現できる。→夢を持ちそれに向かって邁進すれば、その夢は実現する→ Walt Disney で企画立案者として働いていた Tom Fitzgerald が作ったキャッチフレーズ

Don't let anyone get you down.
人のことでクヨクヨしてはだめ。→人に何か言われて落ち込まないこと。
☞get someone down「人をがっかりさせる、失望させる、悲しませる」

Failure is a detour, not a dead-end.
失敗とは回り道、行き止まりではない。→失敗は成功への過程に過ぎない。へこたれず挑戦せよ。☞detour「回り道、迂回、遠回り」 ☞dead-end「行き止まり、行き詰まり」→ Zig Ziglar（1926 – 2012）アメリカの元セールスマン・著作家

Where there's a will, there's a way.
意志あるところに道がある。→やろうという意志があれば、その方法は自ずと見い出せるもの→ことわざ

Change your thoughts and you change your world.
考えを変えれば世界が変わる。→考えを変えれば自分の見方が変わり、異なる結果が現れる→ Norman Vincent Peale（1898 – 1993）アメリカの牧師・著作家

Failure teaches success.
失敗は成功を教えてくれる。→失敗は成功のもと。→ことわざ

Anything is possible.
何でも可能。→不可能はない。

There is always light behind the clouds.
雲の後ろにはいつも光がある。→どんなにつらくてもその先には明るい未来がある
→ Louisa May Alcott（1832 – 1888）アメリカの小説家

What's done is done.
済んだことは済んだこと。→済んでしまったことは仕方がない。過去を忘れて前進せよ。→ことわざ

You can do anything you want.
やりたいことは何でもできる。→自分が望むことは何でもできる。自制ばかりしてはだめ。

Every day is a new day.
毎日が新しい日。→今日どんなに悪いことがあっても、明日はまったく新しい日。だから辛い今を耐え、過去を忘れてポジティブな態度で進んで行こう→ Ernest Miller Hemingway（1899 – 1961）アメリカの小説家

Don't set limitations.
制限を設けるな。→自分に制限を設けてやりたいことに歯止めをかけたりしてはだめ。

Be strong to be useful.
役に立つために強くあれ。→肉体的、精神的、道徳的に強くなければ役に立たない→ Georges Hebert（1875 – 1957）フランスの体育教師・理論家

人生

🔊 3_074

Life has its ups and downs.
人生には山あり谷あり→人生には浮き沈みがあるものだ。☞ups and downs「浮き沈み、良い時もあれば悪い時も」→ことわざ

Happiness depends upon ourselves.
幸せは私たち自身にかかっている。→幸せかどうかは自分次第　☞depend on~「～にたよる、に依存する」

Let it be.
ありのままで。→無理をしない。真に重要なことにのみ焦点を合わせ、物事をありのままに受け入れて心の平和を見つけよう。

Love the life you live, live the life you love.
自分の生きる人生を愛し、自分の愛する人生を生きよ。→自分の人生を愛し、愛することのできる人生を生きること→ Robert Nesta Marley（1945 – 1981）ジャマイカのシンガーソングライター、ミュージシャン

The purpose of our lives is to be happy.
我々の人生の目的は幸せになること→ 14th Dalai Lama（1935 – ）チベット教最高指導者

Life is short. Do whatever you like.
人生は短い。何なりと好きなことをやれ。→人生は短いので、好きなことをして充実した人生を送れ。

Life won't wait.
人生は待ってくれない。→人生は短いのでダラダラと無駄な日々を過ごさないこと→ 1991 年にカリフォルニア州バークレーで結成されたロックバンド Rancid の 4 枚目のアルバム

Life is short and time is swift.
人生は短く、時が経つのは早い。→無駄な人生を送るな。→ことわざ

Live every moment.
瞬間、瞬間を生きろ。→今を大切に、精一杯生きること。

Live your life and forget your age.
年齢を忘れて生きろ。→年齢にとらわれないで大切なことに集中せよ。Norman Vincent Peale（1898 – 1993）アメリカの牧師・著作者

The only way to do great works is to love what you do.
偉大な仕事をする唯一の方法は自分のやることを愛すること。→偉大な仕事をするには自分のやる仕事を愛さなければならない→ Steve Jobs（1955 – 2011）アメリカの起業家・実業家で、Apple の創業者・元 CEO

Be kind, be honest, be loving, be true and all of these things will come back to you.
親切で、正直で、愛情深く、真実であれ、そうすればこれらすべてが自分に返ってくるでしょう→ Germany Kent（1975 – ）アメリカの TV パーソナリティ・俳優・実業家・作家

Do what makes your soul shine.
自分の魂が輝くことをしなさい。☞仕事であれ何であれ、本当に自分のしたいこと、心を満たしてくれることをしなさい。

59 モットーを質問する

相手にモットーや信念を聞くことはその人の考え方や人格を理解する一助となり得るでしょう。また、互いの共通点や相違点を把握することにより、より意味のある対話や人間関係が築けるかもしれません。

🔊 3_075

Do you have a motto?
あなたにモットーはありますか？

What is your motto in life?
あなたの人生のモットーは何ですか？

What principles do you live by?
どういった原則で生きていますか？

What are your beliefs?
あなたの信念は何ですか？

Are there words you tell yourself to guide your life?
人生の指針として自分に言い聞かせている言葉はありますか？

If you have a motto, let me know.
もしモットーがあったら教えてください。

Are you living up to that motto?
そのモットーに従って行動していますか？　☞live up to ~「(主義、信念など）に従って行動する、に応えて生活する」

Since when is that your motto?
それはいつからあなたのモットーですか？

Is that motto from someone else?
そのモットーは誰かの言葉ですか？

Is that motto a quote from someone?
そのモットーは誰かからの引用ですか？

What made it your motto?
それをモットーにした理由は何ですか？

Why did you choose it as your motto?
どうしてそれをあなたのモットーに選んだのですか？

応用してみよう

好きな個所、自分に適した文を選び、組み合わせてみましょう。

ショートスピーチ編

1

3_076

I have a motto. It is “Many a little makes a mickle.” This is a famous Japanese proverb, meaning ‘even small actions, if continued over time, will eventually lead to a big result.’ I strive to keep this in mind every day.

【strive to ～～するよう努める、～するよう努力する　keep ~ in mind ～を肝に銘じる、～を心にとどめる】

私にはモットーがあります。それは「塵もつもれば山となる」です。これは日本の有名な諺で、意味は「小さな行動でも、時間をかけて継続すると、やがては大きな結果につながる」ということです。私は毎日これを忘れないよう努めています。

2

3_077

My motto is “Where there is a will, there is a way.” This proverb was well-known and used in his speeches by Abraham Lincoln, the 16th President of the United States. As you well know, nothing is accomplished without the will. Whether it is a dream or a new project, success requires the will to accomplish. As long as you have it, even if you fail, you can find a new path. I firmly believe this and have made it my motto.

私のモットーは「意志あるところに道がある」です。このことわざは有名で第16代合衆国大統領エイブラハム・リンカーンのスピーチで使われました。皆さんも良くご存じの通り、意志がなければ何事も成し遂げられません。それが夢であれ、新たなプロジェクトであれ、成功するには成し遂げようとする意志が必要です。それさえあれば、たとえ失敗したとしても、新しい道が見つかるでしょう。私はこのことを固く信じているため、それを自分のモットーにしているのです。

3

🔊 3_078

I have a motto that I always tell myself. It is "Continuity is power." I believe in this Japanese proverb. No matter what you do, even if it is hard, if you keep on doing it for a long time, you will always get a result. On the contrary, if you give up too soon, you will get no results. Only disappointment and frustration might remain.

私にはいつも自分に言い聞かせているモットーがあります。それは「継続は力なり」です。私はこの日本の諺を信じています。何をしようと、たとえそれが辛くても、長い間やり続ければ、常に結果が得られるでしょう。反対に、すぐ諦めてしまえば、結果は得られません。ただ失望とフラストレーションが残るだけかもしれません。

4

🔊 3_079

"You'll never find a rainbow if you're looking down." These are the words I tell myself to guide my life. If you are constantly wincing when people say something to you or feeling depressed when you make a small mistake, nothing good will come out of it. It is true that if you stay depressed, your life will only get darker. Even if we are sad, we should aim to cheer up, stay positive, and remain optimistic. That is why I have made these words my motto.

【wince ひるむ、たじろぐ　feel depressed 気が滅入る、みじめな思いをする　aim to~ ～を目指す、～を心がける】

「下を向いていたら、決して虹は見つからない」。これは私の人生の指針として自分に言い聞かせている言葉です。人に何かを言われていつもひるんでいたり、些細なミスをして落ち込んでいれば、何も良い結果は生まれません。そう、憂鬱な気分のままでいれば、人生はただ暗くなるだけ。たとえ悲しくても、元気を出して、ポジティブで、楽天的でいようと努めるべきです。私がこの言葉をモットーにしたのはそれが理由なのです。

5

🔊 3_080

There are several phrases I tell myself from time to time. One of them is "What's done is done." As you know, we are often haunted forever by past events. As for myself, I was suffering from a broken heart and feeling depressed until a few years ago. I was so afraid of falling in love that I was timid about meeting new people. One day, a friend said to me, "You are always so gloomy," and for the first time, I realized how pathetic I was. From that day on, I made this phrase my motto and decided to leave the past behind, moving forward in search of a brighter future.

【leave ~ behind　~を置き去りにする】

私にはときどき自分に言い聞かせているフレーズがいくつかあります。その一つは「済んだことは済んだこと」です。ご存じの通り、私たちはしばしば過去の出来事にとらわれてしまいます。私に関して言えば、数年前まで私は失恋で苦しみ、みじめな思いをしていました。恋に落ちることを怖がるあまり、新たな人との出会いに臆病になっていたのです。ある日、友人の一人に「あなたはいつもすごく暗いわね」と言われて、初めて、なんとも情けない自分に気づきました。その日から、私はこのフレーズを自分のモットーにして、過去を捨て、輝かしい未来を求めて前に進むことに決めたのです。

会話編

1

🔊 3_081

A: Do you have a motto?
B: Yes, I do.
A: What is your motto?
B: It's "No pain, no gain."

A: あなたにモットーはありますか？
B: はい、あります。
A: そのモットーは何ですか？
B: 「痛みなくして、得るものなし」です。

2

🔊 3_082

A: What is your motto?

B: My motto is "Never forget your original intention."

A: That's something I often remind myself of.

A: 君のモットーはなに？

B: 私のモットーは「初心、忘るべからず」。

A: それって、僕がよく自分に言い聞かせているやつだ。

3

🔊 3_083

A: My motto is "Many a little makes a mickle." That's a Japanese proverb.

B: What does that mean?

A: It means even small actions, if continued over time, will eventually lead to significant results.

A: 私のモットーは「塵も積もれば山となる」で、日本の諺です。

B: それ、どういう意味？

A: たとえ小さな行動でも、時間をかけて継続していけば、やがては大きな結果につながるという意味です。

4

🔊 3_084

A: I have a motto. It's "Nothing will come out of nothing."

B: Is that a quote from someone?

A: Yes. It's the phrase Shakespeare used in *King Lear*.

A: 僕にはモットーがあるんだ。「無から有は生まれない」というものさ。

B: それって、誰かからの引用？

A: そう。シェークスピアが『リア王』で使ったフレーズなんだ。

5

🔊 3_085

A: If you have a motto, let me know.

B: My motto is "Everybody has talent, but ability takes hard work."

A: Are you living up to that motto?

B: I try.

【live up to~ ～に従って生活する、～に恥じない行動をする】

A: あなたにモットーがあったら教えて。
B: 僕のモットーは「皆才能を持っているが、能力には努力が必要だ」さ。
A: そのモットーに恥じない生き方をしている？
B: 努力しているよ。

6

🔊 3_086

A: Are there words you tell yourself to guide your life?

B: Yes. It's "Life is all about dreams, never let go of them."

A: Why did you choose it as your motto?

B: Because I believe that having a dream is important.

A: 人生の指針として自分に言い聞かせている言葉はありますか？
B: はい。「人生は夢がすべて、決して手放してはいけない」です。
A: なぜそれをあなたのモットーに選ばれたのですか？
B: 理由は、私が夢を持つことは大切だと信じているからです。

7

🔊 3_087

A: Why did you choose it as your motto?

B: Because that's what I believe in.

A: Since when has it been your motto?

B: Ever since I made a big mistake when I was in high school.

A: What does that have to do with the motto?

B: Well, "What's done is done" means forgetting the past and moving on, you know.

A: なぜそれをあなたのモットーに選んだの？
B: 僕がそれを信じているからさ。
A: それっていつからあなたのモットー？
B: 僕が高校の時に大きなミスをしてからずっと。
A: それとこのモットーとはどんな関係があるわけ？
B: それはさ、「済んだことは済んだこと」が過去を忘れて前に進め、という意味だから。

60 性格

自己紹介などにおいて自分の性格を適切に伝えることでポジティブな一面をアピールすることができます。すなわち、適切な自己評価を行い、真摯に向き合う姿勢を示すことにより相手に良い印象を与えることができるでしょう。とはいえ、自身の長所ばかり強調してしまうと自己中心的な印象を与える可能性があり、短所や弱点を強調すると、自身の能力や適性に対する不安なり不信感を相手に与える可能性があります。性格や長所、短所、強みや弱みを話す場合は的確な情報と、適切なバランスそれに適切なタイミングが重要になってきますので、その辺に留意してください。

長所となる性格

責任感 3_088

I am responsible.
= I am a person of responsibility. ; I am a responsible person.
私は責任感があります。

I am a person with a strong sense of responsibility.
私は責任感の強い人物です。

I consider myself a very responsible person.
私は自分を責任感の強い人物だと思っています。

I always take responsibility for my words and actions.
私はいつも自分の言葉と行動に責任を持ちます。

I am confident that I'll be responsible for completing the work I am in charge of until the very end.
私は自分が担当する仕事を最後まで責任をもって成し遂げる自信があります。
☞be confident that ~「～であることを確信している、～を心から信じている、～であることに自信を持っている」 ☞be in charge of~「～を担当している、～を任されている」

コメント

「私は責任感がある」のように性格を表す場合は「S ＋ be 動詞＋形容詞」「S ＋ be 動詞＋ a（an）＋形容詞＋ person」「S ＋ be 動詞＋ a person of ＋名詞」があります。例えば、私が親切な人物であることを言い表すときは I am kind. / I am a kind person. / I am a person of kindness. となります。いずれの場合も若干ニュアンスの違いはありますが、同様の意で使われ、「S ＋ be 動詞＋形容詞」が最も一般的な表現で、I am a person of kindness. はフォーマルで、日常会話では余り使われません。

几帳面

🔊 3_089

I'm a meticulous person. ＝ I am meticulous.
私は几帳面な性格です。☞meticulous「几帳面な、極めて注意深い」

I always keep my room clean.
私は自分の部屋をいつもきれいにしています。

I love to keep everything organized.
私は何でも整理整頓するのが好きです。☞keep ～ organized「～を整理しておく」

I am always on time and keep my promises.
私はいつも時間や約束は守ります。☞be on time「時間通りに、定刻に」

I keep a daily household account.
＝ I keep a household account book every day.
私は毎日家計簿をつけています。☞household account「家計簿」

成し遂げる力

🔊 3_090

I'll finish what I've started.
私はやり始めたことは最後までやります。

I'll finish the work I am given.
私は与えられた仕事は最後までやります。

When I decide to do something, I never hesitate to put in the effort until it is completed.
私は何かをやると決めたら、それが終わるまで決して努力を惜しみません。
☞hesitate to~「～するのをためらう」 ☞put in the effort「努力する、頑張る」

I am the type of person who likes to finish what they've started.
私はやり始めたことは最後までやり遂げるタイプの人間です。

I have never forgotten to do my homework.
私は宿題を忘れたことは一度もありません。

継続力

🔊3_091

I have the ability to continue.
私は継続力があります。

I hate giving up in the middle of anything.
私は何であれ、途中で諦めることが大嫌いです。

I am a person who continues doing whatever I begin.
= I am a person who is determined to see things through to the end.
私は何であれ、始めたことは継続する人間です。

I firmly believe that it's important to continue whatever we've started.
私は何であれ始めたことを継続することは重要だと固く信じています。

I will work hard until the end to achieve the goal I have set.
私は自分が決めた目標に向けて最後まで努力をします。

忍耐力

🔊3_092

I am patient. = I am a patient person.; I am a person of patience.
私は忍耐強いです。

I have patience.
私は忍耐力があります。

I am second to none in patience.
私は忍耐においては誰にも負けません。☞be second to none「誰にも負けない」
→直訳は「誰に対しても 2 番目にならない」

I am prepared to endure any difficulties.
私はどんな困難にも耐える覚悟です。☞be prepared to~「～する用意がある、～する覚悟である」

I have the perseverance to overcome difficulties and achieve my goals.
私は自分の目標達成に向けて困難に耐え抜く忍耐力を持っています。
☞perseverance「忍耐、根気」 ☞overcome「（困難などを）克服する、乗り越える」

チャレンジ精神

🔊 3_093

I have a challenging spirit.
私はチャレンジ精神を持っています。

I am full of a challenging spirit.
私はチャレンジ精神旺盛です。☞be full of~「～でいっぱいである」

I like to try new things even if they look difficult.
私はたとえ難しそうに見えても新たなことに挑戦するのが好きです。

I approach everything with a spirit of challenge, without fear of failure.
私は何事もチャレンジ精神をもち、失敗を恐れず取り組みます。

I will try to apply to Harvard University next year.
私は来年ハーバード大学に応募してみるつもりです。
☞apply to ~「（入学希望の学校）に出願する」

探求心

🔊 3_094

I have an inquiring mind.
私は探求心の持ち主です。☞inquiring mind「探求心」

I am someone who is interested in intellectual pursuits.
私は知的探求心の持ち主です。

In a good way I want to know everything.
良い意味で私は何でも知りたがります。☞in a good way「良い意味で」

I will research what I want to know until I am satisfied.
私は自分が知りたいと思ったことは納得するまで調べます。

When I do research, I consult as many reliable sources as possible.
調べ物をするとき、私はできるだけ多くの信頼できる資料にあたります。
☞consult「(資料などを) 調べる」

計画性

🔊3_095

I always plan ahead.
私は計画性があります。☞plan ahead「事前に計画を立てる」

I will proceed with everything as planned.
＝I will do everything as planned.
「私は何でも計画通りに進めます。☞proceed with~「(計画、作業など) を進める」

I always solve problems through planned action.
私はいつも計画性のある行動で問題を解決します。

I set the goal and start working according to the plan I have set.
私は目標を設定し、立てた計画に従って作業を始めます。
☞according to ～「～に従って」

Once I have a plan, I stick to it and get things done.
一度計画を立てると、私はそれに忠実に従って事を進めます。☞Once ~「ひとたび～すると、一度～したら」 ☞stick to~「～にこだわる、～に固執する」

協調性

🔊3_096

I am cooperative.
私は協調性があります。

I am confident that I can work well with anyone.
私は誰とでもうまくやっていける自信があります。

I am able to work to achieve the goal with people of different positions and opinions.
私は目的を達成するためには、異なる立場や意見の人とともに働くことができます。

I hold my own opinions firmly, but also listen humbly to the opinions of those around me.
私は自分の意見をしっかり持ちながら、周囲の意見にも謙虚に耳を傾けます。

I always remember to be considerate of the other person's point of view.
私は常に相手の見方に配慮することを忘れません。
☞be considerate of~ ＝consider ~「～に対して思いやりがある」

発信力

🔊3_097

I have the ability to transmit.
私には発信力があります。☞transmit「伝達する、発信する」

I am a reporter for our school newspaper.
私は学校新聞のリポーターをしています。

I always actively express my thoughts and opinions.
私はいつも自分の考えや意見を積極的に発信しています。

I publish a variety of information on the Internet every day.
私はさまざまな情報を毎日インターネット上で発信しています。
☞a variety of ~ ＝ different kinds of~

For the past several years, I have been trying to show the world what Japan has to offer.
私はここ数年にわたって世界に日本の良さを発信し続けています。
☞what Japan has to offer＝what great things Japan has「日本にあるもの、日本にある素晴らしいもの」

創造力

🔊3_098

Creativity is my hallmark.
想像力は私の特徴です。☞hallmark＝characteristic「特徴、特質」

I'm rich in creativity. Creativity is my strength.
私は創造力に富んでおり、想像力が私の強みです。

I like to think and do things with new ideas.
私は新しい発想で物事を考えたり実行するのが好きです。

I am good at solving a given problem in a non-traditional way.
私は従来とは異なる方法で与えられた課題を解決するのが得意です。
☞in a non-traditional way「伝統的でないやりかたで」

I use my creativity to write fiction.
私は創造力を使って小説を書いています。

想像力

🔊 3_099

I am imaginative. = I am an imaginative person.; I am a person of imagination.
私は創造力があります。

I have a rich imagination.
私は豊かな想像力の持ち主です。

All my friends say I am an imaginative person.
友人たちは皆、私が想像力のある人物だと言います。

I can imagine how the other person feels.
私は相手の気持ちを想像することができます。

I'm able to think outside-the-box and think independently.
私は従来の発想にとらわれず独自の発想で物事を考えることができます。
☞outside-the-box「既存の枠にとらわれない、型にはまらない」
☞independently「独立して、自主的に」

分析力

🔊 3_100

I have analytical skills.
私は分析力の持ち主です。☞analytical「分析の、分析的な」→ analyze は動詞

I like to analyze everything.
私は何でも分析するのが好きです。

I can analyze things and make good decisions.
私は物事を分析し、的確な判断を下すことができます。

I am good at analyzing things and drawing conclusions.
私は物事を分析し、結論を下すのが得意です。☞draw a conclusion「結論を出す」

I would like to become a psychoanalyst in the future.
私は将来、精神分析医になりたいと思います。☞psychoanalyst「精神分析医」

洞察力

🔈3_101

I consider myself a person of insight.

= I consider myself to be a person of insight.

私は自分を洞察力のある人間だと思っています。☞insight「洞察力」

I always try to solve problems using insight.

私はいつも洞察力を用いて問題の解決に努めています。

I do not judge things only on the surface.

私は物事の表面だけを見て判断することはありません。

I can interpret their thoughts and feelings through their facial expressions and words.

= I can read their minds through their facial expressions and words.

私は顔の表情や言葉からその人の心が読めます。

I can predict their behavior and the motives behind it.

私は人の行動やその裏にある動機を予測することができます。

☞predict「予測する、予見する」

集中力

🔈3_102

I have the ability to concentrate.

私は集中力があります。

I am a person with good concentration.

= I am a person who can concentrate well.

私は高い集中力の持ち主です。

I can focus on one thing for a long time.

私は一つのことに長時間集中することができます。

I can focus on what I love to do for hours on end.

= I can focus for hours on what I love to do.

私は自分のやりたいことには何時間でも集中することができます。

☞on end「続けて、延々と」

I am very focused and can continue to study and work without a break.

私はとても集中力があるので、勉強や仕事を休憩することなく続けることができます。

☞break「中断、小休止」

情報収集能力

🔊 3_103

I have the ability to collect information.
私には情報収集能力があります。

I have been working on improving my ability to gather information.
私は情報収集能力を磨き続けています。☞improve「向上させる、磨きをかける」

I think my ability to gather information is excellent.
私の情報収集能力は優れていると思います。

I always make an effort to gather solid information from a wide range of sources before starting something.
私は何かを始める前に常に幅広い情報源から確かな情報を集める努力をしています。
☞make an effort（ある目標達成のために）「努力する」
☞solid「確かな、信頼できる」 ☞wide range of~「幅広い～」

I have worked in the research department of my company for 10 years.
私は社の調査部で 10 年働いています。

傾聴力

🔊 3_104

I am a good listener.
私は聞き上手です。

I have the ability to listen.
私には傾聴力があります。

I always listen carefully to the opinions of others in everything.
私は何においても常に相手の意見に十分耳を傾けます。

I try to listen and understand them.
私は相手の話に耳を傾け、理解するよう努めています。

I listen intently to what they have to say and try to understand what they are really trying to say.
私は相手の話に真剣に耳を傾け、相手の真意を理解するよう努めています。
☞intently ＝ attentively; closely

実行力

🔊 3_105

I have the ability to get things done.
私には実行力があります。☞get things done「物事を成し遂げる」

I immediately do what I set out to do.
＝I immediately put into action what I set out to do.
私はやろうと思ったことはすぐ実行に移します。☞set out to ～「～しようと試みる、～しようとする」

Once I set a goal, I formulate a plan and follow through with it.
ひとたび目標を設定すると、計画を立て、それをやり遂げます。☞formulate ＝ make　☞follow through with ~「～を成し遂げる、～を遂行する」

I have never failed to complete a single job I was assigned by the deadline.
これまで私は与えられた仕事を期日までに終えなかったことは一度もありません。
☞be assigned「割り当てられる」　☞by the deadline「期限までに、締め切りまでに」

I was student body president for three years in high school.
私は高校で3年間、生徒会長でした。☞student body president「生徒会長」＝SBP

主体性

🔊 3_106

I have an independent character.
私は主体性に富んだ性格です。

I am a person who follows the path I believe in.
私は自分の信じる道を歩む人間です。

I make my own decisions about everything.
私は何事も自分で判断します。

I have always acted according to my own ideas and taken responsibility for the results.
私はこれまでずっと自分自身の考えに従って行動し、その結果に責任をもってきました。

I will follow my own will no matter what difficulties or obstacles I encounter.
私はどんな困難や障害に出くわそうが自分の意志を貫きます。
☞obstacle「障害、邪魔」　☞encounter「（問題などに）出くわす、遭遇する」

社交性

🔊 3_107

I am a sociable person.
私は社交的な人間です。

I consider myself to be very sociable.
私は自分が社交性の高い人物だと思っています。

I love interacting and communicating with people.
私は人との交流やコミュニケーションを楽しんでいます。
☞interacting「相互作用すること、（人と）接すること、関わること」

I am the type of person who likes to socialize and get along well with everyone.
私は人との付き合いを好み、誰とでもうまくやっていけるタイプの人間です。
☞socialize「交際する、交流する」 ☞get along well with~「～と仲良くやる」

I am confident that I can communicate well with those around me to get things done.
私は周りとうまくコミュニケーションを取り、物事を進めていく自信があります。

協調性

🔊 3_108

I am cooperative.
私は協調性があります。

I can express my opinion while respecting the other person's opinion.
私は相手の意見を尊重しながら、自分の意見を表明することができます。

I am able to understand and empathize with the feelings and positions of others.
私は他人の感情や立場を理解し､共感することができます。☞empathize「共感する」

I always help others and sometimes give in to get things done.
私はいつも助け合い、時には譲り合いながら物事を進めていきます。
☞give in「（人の言うことや要求などを）受け入れる、聞き入れる」

I can cooperate with people who have different opinions and ideas from my own, and we can work toward the same goal.
私は自分とは異なる意見や考えを持つ人と共同して、同じ目標に向かって行動できます。

リーダーシップ

🔊 3_109

I can say with confidence that I have leadership skills.
私にはリーダーシップがあると自信をもって言えます。

I was the captain of my high school baseball team.
私は高校野球チームのキャプテンをしていました。

I can lead my team members towards their goals.
私はチームのメンバーを目標に向かって導くことができます。

I used to lead teams in high school to help them achieve their goals.
私は高校時代にチームをリードして彼らの目標達成に助力していました。

I act in a manner consistent with my words and treat others with honesty and integrity.
私は自分の言葉と一致した行動をとり、他人に正直で誠実な態度で接します。
☞consistent with ~「（意見・行動などが）一致して、合致して」
☞integrity「誠実、正直、品位」

包容力

🔊 3_110

I am receptive. = I have the capacity for inclusion.
私には包容力があります。

I have the open-mindedness to accept others as they are.
私は相手のあるがままを受け入れる心の広さがあります。
☞open-mindedness「寛容」

I am able to consider the feelings of others and act accordingly.
私は相手の気持ちを考えて行動することができます。
☞accordingly「（状況など）に応じて、に基づいて」

I do not impose my opinions or beliefs on others, but listen to theirs.
私は自分の意見や信念を押しつけず、相手の意見に耳を傾けます。
☞impose「課す、強制的に押しつける」

I am tolerant of different races, cultures, religions, etc.
私は異なる人種、文化、宗教などに寛容です。
☞be tolerant of ~「~に寛容である、~に寛大である」

チャレンジ精神

🔊3_111

I am eager to take on new challenges.
私はチャレンジ精神旺盛です。☞take on ~「～に挑戦する、～を引き受ける」

My strength is my willingness to try new things.
私の強みは新しいことに積極的に挑戦することです。

I am not afraid to try new things.
= I'm not afraid to take on new challenges.
私は新しいことへの挑戦を恐れません。

I am open to change and willing to evolve.
私は変化を受け入れ、進化することに積極的です。☞be open to~「～に対してオープンである、～を受け入れる」 ☞evolve「発展する、進化する」

I am a person who can take on difficult challenges without giving up.
私は困難な課題に対しても諦めず挑戦できる人間です。

ポジティブな性格

明るい

🔊3_112

I am cheerful. = I am a cheerful person.
私は明るいです。

I have a cheerful personality and lighten the atmosphere around me.
私は明るい性格で、周りの雰囲気を明るくします。☞atmosphere「雰囲気」

I am not discouraged by negative events and failures; I see them as opportunities.
私はネガティブな出来事や失敗にめげず、それらをチャンスと捉えています。
☞be discouraged「落胆する、がっかりする」

朗らか

🔊3_113

I always keep a smile on my face and treat everyone with the same attitude.
私は常に笑顔を絶やさず、誰に対しても同じ態度で接します。

I always smile and enjoy communicating with those around me.
私はいつも笑顔で周りの人とのコミュニケーションを楽しんでいます。

I am flexible and do not get hung up on small details.
私は小さなことにこだわらず、柔軟に対応します。☞flexible「柔軟な、融通が利く」☞get hung up on~「～にこだわる、～をクヨクヨ考える」

前向き

🔊3_114

I have always been positive about things.
= I have always had a positive outlook on things.
私はこれまでずっと物事をポジティブにとらえてきました。

I have the confidence to see everything in a positive light and overcome difficulties.
私はすべてを肯定的に見て、困難を克服する自信があります。☞see~ in a positive light「～を肯定的に見る」☞overcome「打ち勝つ、乗り越える、克服する」

If I fail, I am not afraid to try again.
私は失敗しても、恐れることなく再挑戦します。

積極的

🔊3_115

I am proactive and work towards my goals.
= I am proactive and strive to reach my goals.
私は積極的に自分の目標に向かって努力します。☞proactive「積極的な、前向きな」

I do not hesitate to act and take chances.
私はためらわずに行動し、チャンスを逃しません。

I am willing to go out of my way to do everything and encourage others to do the same.
私は何事も自ら進んで行ったり、他の人たちに働きかけたりしています。
☞go out of the way to~「わざわざ～する、～するために尽力する」
☞encourage「励ます、働きかける、勧める」

真面目

🔊3_116

I take responsibility for my words.
私は自分の言葉に責任を持ちます。

I am a serious person and take everything seriously.
私は真面目な人間なので、何事にも真剣な態度で取り組みます。

I am always seeking to improve and pursue personal growth.
私は常に向上心と自己成長を追い求めています。
☞improve「向上する、良くなる」 ☞personal growth「個人的成長」

慎重

🔊3_117

I pay attention to every detail of things.
= I pay attention to the details of things.
私は物事の細部にまで注意を払います。

I am a cautious person and would never act foolishly.
私は慎重な人間なので軽はずみな行動は決してしません。

I act cautiously to avoid mistakes and failures.
= I am cautious to avoid mistakes and failures.
私はミスや失敗を避けるために注意深く行動します。

素直

🔊3_118

I am honest. = I am an honest person.
私は素直です。

I am an honest person, so I am open to pointers and advice from others.
私は素直な人間なので、他の人からの指摘やアドバイスを素直に受け入れます。
☞pointer「(話) 指摘、助言」

I always express my opinions and thoughts honestly.
私はいつも自分の意見や考えを正直に話します。

謙虚

🔊3_119

I am humble. = I am a humble person.
私は謙虚です。

I am humble. I do not over-assert myself and always try not to make others feel uncomfortable.
私は謙虚です。自分を主張し過ぎず、また相手を不快な気持ちにさせないよう常に心掛けています。☞over-assert oneself「自らを主張し過ぎる」

I am fully aware of the limitations of my experience and knowledge.
私は自分の経験や知識の限界を十分に承知しています。
☞be aware of ~「～を認識する、～に気づいている」

冷静

🔊3_120

I am calm. = I am a calm person.
私は冷静です。

I can control my emotions. = I am in control of my emotions.
私は自分の感情をコントロールできます。

I am always calm. I can handle any situation calmly without being distraught or panicked.
私は常に冷静です。どんな状況をも取り乱したり、慌てることなく対処することができます。☞distraught「取り乱した」

柔軟

🔊3_121

I am open to change.
私は変化に対してオープンです。

I am flexible and able to change my response and move things forward depending on the situation.
私は状況に応じて柔軟に対応を変え、物事を進めることができます。

I am flexible and adjust my emotions and behavior if necessary.
私は必要なら自分の感情や行動を柔軟に調整します。

思い遣り

🔊 3_122

I am the type of person who treats others with consideration.

私は配慮を持って他の人たちに接するタイプです。

I consider myself a compassionate person. When I see someone in need, I actively offer a helping hand.

私は思いやりのある人間だと思っています。私は困っている人を見たら、積極的に救いの手を差し伸べます。☞someone in need「困っている人」

I abhor discrimination and injustice and value fairness and justice.

私は差別や不正を憎み、公正と正義を重視します。☞abhor「嫌悪する」
☞discrimination「差別」 ☞value「尊重する、高く評価する、大事にする」

気遣い

🔊 3_123

I'm trying to be a caring person.

私は気遣いのできる人になろうと努めています。
☞caring person「思いやりのある人、他人の面倒をよく見る人」

I try to be sensitive to their feelings and do what they want me to do.

私は相手の気持ちを敏感に察知し、その人が求めていることをしてやるよう努めています。

I always try to avoid saying or doing things that they don't like.

私は人が嫌がることを言ったり、したりしないように絶えず心がけています。

感受性豊か

🔊 3_124

I have a sensitive temperament. = I am of a sensitive temperament.

私は繊細な気質を持っています。☞temperament = disposition

I have always been sensitive to others.

私はいつも他の人たちに敏感な態度で接しています。

I am a sensitive person, so I understand how people feel.

私は感受性が豊かなので、人の気持ちがよくわかります。

粘り強い

🔊 3_125

I am a tenacious person. = I am a persistent person.
私は粘り強い人間です。☞tenacious「粘り強い」

I am not daunted by difficulties or setbacks.
私は困難や挫折にひるんだりしません。☞be daunted by ~「～におじけづく、～にひるむ」 ☞setback「挫折、つまずき」

I am tenacious and when I start something, I keep working on it until I succeed.
私は粘り強く、何かを始めると成功するまで取り組み続けます。

負けず嫌い

🔊 3_126

I hate to lose.
私は負けず嫌いです。

I am ambitious and do not want to be outdone in anything, so I work harder than others.
私は向上心が強く、何事においても人に負けたくないので人一倍努力します。
☞be outdone「負ける、出し抜かれる」

I don't easily run away from difficulties or obstacles if I want to succeed.
私は成功したいときは困難や障害から簡単に逃げ出したりはしません。

好奇心旺盛

🔊 3_127

I am a curious person and try to be actively involved in many things.
私は好奇心が旺盛で、多くのことに積極的に関わろうとします。

I am very interested in different cultures and environments.
私は異なる文化や環境に大変興味を持っています。

I do thorough research when I learn something that interests me.
私は興味を引きつけられるようなものを学ぶとき徹底的に調べます。

縁の下の力持ち

🔊3_128

I am what you might call a behind-the-scenes person.
私はいわゆる縁の下の力持ちです。☞what you might call「いわゆる、いわば」
☞behind-the-scenes「裏舞台の」

I am the type of person who helps the team run smoothly.
私はチームが円滑に動けるようにサポートするタイプの人間です。

I have supported people in many ways behind the scenes.
私はこれまで見えないところで色んな形で人を支えてきました。

楽観的

🔊3_129

I am super optimistic.
私は超楽観的です。

I'm always cheerful and positive.
私はいつも明るく前向きです。

I tend to only see the good side of things and not think about failure or risk.
私は失敗やリスクのことは考えず物事の良い面ばかり見る傾向があります。
☞tend to~「~する傾向がある、~しがちである」

楽天的

🔊3_130

I am an optimistic thinker. = I am an optimist.
私は楽天的な考えの持ち主です。

Even when I have a bad day, I don't dwell on it.
私はたとえ嫌な日があっても、そのことでくよくよしたりしません。
☞dwell on~「~をクヨクヨ考える、~に悩む」

I do not stress when I run into difficulties.
私は困難に出くわしてもストレスを感じません。
☞run into~「~に出くわす、~に突き当たる」

その他の性格

おせっかい

3_131

I am nosy.

私はおせっかいです。

My shortcomings include being nosy. I often think about others so much that I end up doing things they may not want me to do.

私の短所はおせっかいなところです。よく相手のことを考えすぎるあまり、相手が望まないようなことをしてしまうのです。→ My shortcomings include being nosy ＝My shortcomings are that I am nosy. ☞end up ~ing「結局〜してしまう、〜で終わる」

心配性

3_132

I am a worrier.

私は心配性です。

I worry about many things before I start something.

私は何かを始める前にいろんなことを考えて不安になってしまいます。

周囲の目を気にする

3_133

I am the type of person who cares about what people around me think.

私は周囲の人がどう思っているのか気にするタイプです。

I tend to care too much about what other people think.

私は他人の目を気にし過ぎる傾向があります。

気が強い

3_134

I am strong-minded and competitive.

私は気が強く負けず嫌いです。

I often try to push my opinions and make the atmosphere around me worse.

私はよく自分の意見を押し通そうとして周りの雰囲気を悪くしてしまいます。

考えすぎ

🔊3_135

I am quick to ponder over trifles.

私はすぐにどうでもいいことを考え込んでしまいます。☞be quick to ~「すぐに～する」 ☞ponder「考え込む、思案する」 ☞trifle「些細な事」

I overthink about everything and worry and fret. I hate myself like that.

私は何事も考えすぎて、悩んだり心配してしまいます。そんな自分がとても嫌です。☞fret「思い悩む、くよくよする」

融通が利かない

🔊3_136

I am often told that I am inflexible.

私は融通が利かないとよく言われます。☞inflexible＝not flexible

I am very serious, to put it nicely. On the flip side, I am inflexible.

良く言えば、私はすごく真面目です。裏を返せば、融通が利かないということです。☞on the flip side「反対側に、裏を返せば、その一方で」

面倒くさがり

🔊3_137

I am lazy and hesitate to start something because of the hassle and difficulty involved.

私は面倒くさがりなので、何かを始めようとすると手間や困難を考えてためらってしまうのです。☞hassle and difficulty involved「関わってくる面倒な問題や困難」→ hassle「面倒なこと、困った問題」→ involved「必然的に伴う、関連する」

I am an extremely lazy person. I find it a chore to even clean my own room.

私は超面倒くさがりです。自分の部屋掃除をするのも面倒だと思っています。☞chore「面倒なこと、退屈なこと、雑用」

気が弱い

🔊3_138

I am too timid to speak to someone I like.

私はとても気が弱くて好きな人に声もかけられません。

I am too faint-hearted to refuse people's requests.
私はすごく気が弱くて人の頼みを断れません。

自分に自信がない

🔊 3_139

I am not confident in myself. = I'm not sure of myself.
私は自分に自信がありません。

I am quick to conform to other people's opinions.
私はすぐに他の人の意見に合わせてしまいます。☞conform to~「～に従う」

自分でやらないと気が済まない

🔊 3_140

I have to do everything myself.
私は何事も自分でやらないと気が済まないんです。

I'm not satisfied unless I do everything. I can't stand it when things don't go the way I want them to.
私は何でも自分でやらないと満足しません。物事が自分の思い通りに進んでいかないと我慢ならないわけです。☞stand it「我慢できない」

オタク気質

🔊 3_141

I am a comic book geek.
私は漫画オタクです。☞geek「オタク、マニア」

I am a bit of a nerd and I am not a good communicator. When I talk to people, I don't know what to say, so I keep quiet.
私は少々オタク気質なので話し下手です。人と話すとき、何を話したら良いのかわからず、黙ってしまいます。☞nerd「オタク、専門バカ、がり勉野郎」

ストレスをため込む

🔊 3_142

I am the type of person who gets stressed out, so I am in trouble.
私はストレスをため込むタイプなので、困っています。
☞get stressed out「ストレスが溜まる、ストレスでへとへとになる」

I do not know how to release stress.
私はストレスを発散する方法を知りません。

ストレスに弱い

🔊 3_143

I am sensitive to stress. I envy people who are stress tolerant.
私はストレスに弱いんです。ストレスに強い人が羨ましいです。
☞stress tolerant「ストレス耐性の」

I get a stomachache at the slightest stress.
私は少しでもストレスを感じるとお腹が痛くなるんです。

根暗

🔊 3_144

I am gloomy and tend to think of things in a bad way.
私は根暗で、物事を悪い風に考える傾向があります。☞gloomy ＝ pessimistic

I am very shy and am not good at building relationships with new people.
私は人見知りが激しくて、新しい人との関係を築くのが苦手なんです。

泣き虫

🔊 3_145

I am an emotional and tearful person.
私は感情的で涙もろい人間です。

I am a crybaby. I cry easily when I feel a little frustrated or when someone says something harsh to me.
私は泣き虫です。少しでも悔しかったり、厳しいことを言われるとすぐに泣いてしまいます。☞feel frustrated「イライラする、不満を感じる」 ☞harsh「（態度・言葉などが）厳しい、辛辣な」

甘えん坊

🔊 3_146

I am a lonely person who needs a lot of attention.
私は寂しがり屋で甘えん坊です。☞I am a lonely person ＝ I get lonely easily

I am quick to rely on others for anything.
＝ I immediately rely on others for anything.
何かあるとすぐ他人に頼ってしまいます。

短気

🔊 3_147

I have a temper and get frustrated and angry over the smallest things.
私は短気なのでほんの些細なことにイライラしたり、怒ってしまいます。
☞have a temper「怒りっぽい、短気な」

I get angry easily when my subordinates make mistakes.
私は部下がミスをすると、すぐに腹を立ててしまいます。☞subordinate「部下」

61 性格を聞く

相手の性格や特性、長所、短所などを知ることでその人の行動や意図などが理解しやすくなると同時に、円滑なコミュニケーションを進めることができるでしょう。また、相手の弱点や苦手な分野を知ることにより、サポートしたり、不要なトラブルを避けることが可能となります。

あなたの性格は

🔊 3_148

What are you like?
あなたはどんな人ですか？

What is your personality?
あなたはどんな性格ですか？

What do you think your personality is?
あなたは自分がどんな性格だと思いますか？

What kind of personality do you have?
あなたはどんな性格の持ち主ですか？

What type of character are you?
あなたはどんな性格ですか？

What kind of personality do your friends say you have?
友人たちはあなたがどんな性格だと言っていますか？

What are some of your personality traits?
あなたの性格の特徴は何ですか？ ☞trait「（性格などの）特徴、特質」

Tell me about your personality.
あなたの性格を教えてください。

Tell me what kind of personality you have.
あなたはどんな性格か教えてください。

Is there anything you like about your own personality?
あなたは自分の性格で好きなところはありますか？

How would you describe your personality?
自分の性格をどのように表現しますか？

How would you think others perceive your personality?
他の人はあなたの性格をどのようにとらえていると思いますか？
☞perceive「認識する、気づく、感じとる」

How would your close friends or family describe your personality?
あなたの親友や家族はあなたの性格をどのように表現するでしょうか？

具体的に尋ねる

🔈3_149

Are you more introverted or extroverted?
あなたは内向的ですかそれとも外交的ですか？　☞extroverted ＝ extraverted

Are you optimistic or pessimistic?
あなたは楽観的ですか悲観的ですか？

Are you more of a risk-taker or do you prefer to play it safe?
あなたはリスクを取るほうですか、それとも安全にいくほうを好みますか？
☞be more of a ~「よりもっと～である」→特定の特徴、役割を強調するときに使われる。☞play it safe「安全策をとる、無難にいく、冒険をしない」

Do you consider yourself a laid-back or a driven person?
あなたは自分をのんびりした人、それとも意欲的な人物だと思いますか？
☞laid-back「のんびりした」　☞driven person「（熱情などに）突き動かされた人」

What makes you happy or brings you joy?
幸せや喜びを感じさせてくれるものは何ですか？

強みを尋ねる

🔊3_150

What do you excel at?

あなたはどの点が優れていますか？　☞excel「（資質・能力などの点で人より）優れている、勝る」

What are your strong points?

あなたの強い点は何ですか？

What do you consider your strength?

あなたの強みは何だと思いますか？

What are some of your positive attributes?

あなたのポジティブな特性は何ですか？　☞positive attribute「ポジティブな特性、（性格の）優れた点」

Could you tell me about some of your strengths?

あなたの強みのいくつかを教えていただけますか？

長所となる性格・特性を尋ねる

🔊3_151

What are some of your positive qualities?

あなたのポジティブな資質は何ですか？

What are some positive aspects of your character that you value?

あなたが評価する自分の性格のポジティブな面は何ですか？

What do you consider to be your best personality trait?

あなたの最も優れた人格の特徴は何だと考えていますか？
☞personality trait「性格特性、人格の特徴、人柄」

What are some of the outstanding aspects of your personality?

あなたの性格で特に優れた部分はどこですか？　☞outstanding「ずば抜けた、極めて優れた」

Which part of your own personality do you think is outstanding?

自分の性格でどの部分が特に優れていると思いますか？

短所を尋ねる

🔊 3_152

良好な人間関係がなければ短所や欠点を尋ねることはありませんが、万が一、話の流れからそのような話題になったときは、相手への適切な敬意と配慮を忘れずに、適切な言葉づかいで尋ねましょう。

What are some of your weaknesses?
あなたの弱点は何ですか？

What are some of your negative traits?
あなたのネガティブな特徴は何ですか？

What do you consider your shortcomings?
あなたは自分の短所は何だと思っていますか？　☞shortcoming「短所、弱点、欠点」

What do your friends say your faults are?
友人はあなたの欠点は何だと言っていますか？　☞fault「（性格上の）欠点、短所」

Can you tell me about any flaws you have?
あなたにはどんな欠点がありますか？　☞flaw「（性格などの）欠点、弱点」

性格の弱点を尋ねる

🔊 3_153

Are there any aspects of your own personality that you don't like?
自分の性格で嫌な部分はありますか？

Is there any aspect of your personality that you would like to improve?
あなたの性格で治したい部分はありますか？　☞improve「改善する」

What is the part of your personality that you don't like?
自分の性格で嫌な部分はどこですか？

応用してみよう

好きな個所、自分に適した文を選び組み合わせてみましょう。

ショートスピーチ編

1

3_154

I consider myself a very responsible person. I always take responsibility for my words and actions. Therefore, I can say confidently that I'll be responsible for completing the work I am in charge of until the very end.

私は自分を責任感の強い人物だと思っています。私はいついかなる時も自分の言葉と行為に責任を持ちます。それゆえ、私は担当する仕事を最後まで責任をもってやり遂げると自信を持って言うことができます。

2

3_155

I'll finish the work I am given. When I decide to do something, I never hesitate to put in the effort until it is completed. In fact, I have never forgotten to do my homework. I am the type of person who hates giving up in the middle of anything.

【put in the effort = make an effort 努力する】

私は与えられた仕事は最後までやります。何かをやろうと決めたら、私はそれが終わるまで決して努力を惜しみません。実際、私はこれまで一度も宿題を忘れたことがありません。私は何であれ、途中で諦めるのが大嫌いなタイプの人間なのです。

3

3_156

I have the ability to get things done. Once I set a goal, I formulate a plan and follow through with unwavering determination. I have never failed to complete a single job I was assigned within the given deadline. Currently, I have been entrusted by the president with a major project. Naturally, I am confident in my capacity to ensure its success.

【formulate（案や考えを）練る、（計画を）立てる　follow through（計画などを）最後までやり通す　unwavering ゆるぎない、断固とした　given deadline 指定された締め切り　entrust 任せる　ensure 保証する、確かなものにする】

私には実行力があります。私は一度目標を定めたら、計画を立て、ゆるぎない決意で実行します。私は与えられた仕事で指定の締め切りまでに終えなかったものは一つもありません。現在、私は社長から大きなプロジェクトを任されています。当然のことながら、その成功に確たる自信を持っています。

4

3_157

I consider myself to be very sociable. I am confident in my ability to communicate effectively with those around me in order to accomplish tasks. I can collaborate with individuals who hold differing opinions and ideas from my own, and together we can work towards a common goal.

私は自分が社交性の高い人物だと思っています。私は周りとうまくコミュニケーションを取り、物事を進めていく自信があります。私とは異なる意見や考えを持った人たちと共同して同じ目標に向かって働くことができます。

5

3_158

I believe I am receptive. I do not impose my opinions or beliefs on others, but listen to theirs. I am able to consider the feelings of others and act accordingly. Furthermore, I am cheerful and have the ability to lighten up the atmosphere around me. However, there is one flaw that I really want to fix: I tend to care too much about what other people think.

自分には包容力があると私は信じています。私は自分の意見や信念を押しつけず、相手の意見にも耳を傾けます。相手の気持ちを考えて行動することができます。さらに、私は明るく、周りの雰囲気をパッと明るくする能力を持っています。しかしながら、どうしても治したい欠点が一つあります。それは私が人の目を気にし過ぎる傾向にあることです。

会話編

1

🔊 3_159

A: Tell me about your personality.
B: I consider myself a very responsible person.
A: Can you give me one specific example?
B: I always take responsibility for my words and actions.

A: あなたの性格を教えて。
B: 自分はとても責任感のある人物だと思っています。
A: 具体的な例を一つ挙げてくれます？
B: 私はいつも自分の言葉や行動に責任を持ちます。

2

🔊 3_160

A: What's your personality?
B: I am an optimist. Even when I have a bad day, I don't dwell on it.
A: I think you are really optimistic.
B: You said it!

【dwell on~ ～を考え込む、～を引きずる　You said it（相手に同意して）その通り、確かにそう】

A: あなたはどんな性格？
B: 僕は楽観主義者。たとえ嫌な一日があったとしても、それを引きずったりはしないね。
A: あなたは本当に楽観的な人だと思う。
B: まったくその通りさ。

3

🔊 3_161

A: How would you describe your personality?
B: I am a meticulous person. I always keep my room clean.
A: Anything else?
B: Yes, I am also cooperative. I always remember to consider the other person's point of view.

A: あなたは自分の性格をどう表現しますか？
B: 僕は几帳面な人物です。いつも自分の部屋を綺麗にしています。
A: 他にはなにか？
B: そうだ、僕にはまた協調性があります。つねに相手の見方に配慮することを忘れません。

4

🔊 3_162

A: What is the part of your personality that you don't like?
B: I have a weak heart. Actually, I am too timid to approach someone I have feelings for.
A: Do you have someone you love?
B: Yes, but I am too faint-hearted to even say hello to her.

A: あなたの性格で嫌いな部分はどこですか？
B: 気が弱いところです。実際、僕は気が小さすぎて好意を抱いている人に近づくことさえできないんだ。
A: 大好きな人がいるのですか？
B: そう、でもあまりにも臆病なのでその娘に挨拶することさえできないんだよ。

5

🔊 3_163

A: Do you consider yourself a laid-back or a driven person?
B: I think I'm a driven person.
A: What makes you think so?
B: Because I have a strong sense of determination. I possess the ability to accomplish tasks. Once I set a goal, I formulate a plan and follow through with it.

A: あなたは自分がのんびりした人物、それとも意欲的な人物だと思う？
B: 自分は意欲的な人間だと思う。
A: なぜそう思うの？
B: なぜって、僕は決断力があり、実行力があるからさ。ひとたび目標を設定すると、計画を立て、それを実行するから。

6

3_164

A: What do you consider your strength?

B: I am full of a challenging spirit. I tackle anything with a spirit of challenge, without fear of failure.

A: That is certainly a strength you should be proud of.

A: あなたは自分の強みは何だと思いますか？

B: 私はチャレンジ精神旺盛です。何事にも失敗を恐れずチャレンジ精神をもって取り組みます。

A: それは確かに誇るべき強みですね。

7

3_165

A: What are some of your positive attributes?

B: I am tenacious. I am not daunted by difficulties or setbacks.

A: I envy you! I don't have tenacity, and I give up too soon.

【be daunted くじける、へこたれる、おじけづく】

A: あなたのポジティブな特性はなんなの？

B: 粘り強さ。僕は困難や挫折にぶつかってもへこたれたりしないね。

A: あなたがうらやましい！私は粘り強さがなくて、すぐに諦めちゃうのよ。

8

3_166

A: Could you tell me about some of your strengths?

B: I am a sensitive person, so I understand how people feel.

A: You mean you try not to say or do things that they don't like, right?

B: Exactly. I always strive to be sensitive to their feelings and do what they would like me to do.

A: あなたの強みのいくつかを教えてもらえますか？

B: 私は感受性豊かなので、人の気持ちがよくわかるんです。

A: 人が嫌がることをしたり、言ったりしないよう心掛けているってことですか？

B: その通りです。私はたえず相手の気持ちを敏感に察知し、彼らが私に求めていることをするよう努めています。

9

3_167

A: What are some of your positive qualities?

B: I am humble. I do not assert myself excessively and always try not to make others feel uncomfortable.

A: How can you be so humble?

B: Because I consider myself an ordinary person and I am acutely aware of the limitations in my experience and knowledge.

【and I am = and am】

A: あなたのポジティブな資質はなんでしょう？

B: 私は謙虚です。自分を主張しすぎず、また常に相手を不快な気持ちにさせないよう心掛けています。

A: なぜそれほど謙虚になれるのですか？

B: 理由は、自分が平凡な人間だと思っていることと、自分の経験や知識の限界を痛いほど認識しているからです。

10

3_168

A: Which part of your own personality do you think is outstanding?

B: Definitely my cooperativeness. I am confident that I can work well with anyone.

A: Even with people of different positions and opinions?

B: Yes, even with them.

A: あなたは自分の性格でどの部分が特に優れていると思いますか？

B: 明らかに私の協調性です。私は誰とでもうまくやっていける自信があります。

A: 異なる意見や立場の人たちともですか？

B: はい、その人たちともです。

11

3_169

A: What do your friends say your faults are?

B: They say I am sensitive to stress.

A: What happens when you are stressed?
B: I get a stomachache from even slight stress.

A: 友人はあなたの欠点が何だと言っていますか？
B: 私がストレスに弱いと言っています。
A: ストレスを感じるとどうなりますか？
B: ちょっとしたストレスでもお腹が痛くなるんです。

12

🔊 3_170

A: What do you think your faults are?
B: I am a crybaby. I cry easily when someone says something harsh to me.
A: I am also an emotional and tearful person.
B: We are very similar, aren't we?

A: 君は自分の欠点はなんだと思う？
B: 私、泣き虫なの。誰かに何かキツイことを言われるとすぐ泣いちゃうのよ。
A: 僕も感情的で涙もろい性格なんだ。
B: 私たちすごく似てるじゃない、ね？

13

🔊 3_171

A: What do you consider your shortcomings?
B: I think I am a worrier. I overthink about everything and tend to worry excessively.
A: If you don't relax and take things easy, you might end up getting sick.
B: That's what my friends always tell me.

【take things easy 気楽にかまえる、無理をしない　end up ~ing 結局～する羽目になる、最終的に～になる】

A: 自分の短所はなんだと思う？
B: 心配性だと思う。何でも考えすぎて、心配しすぎる傾向にあるの。
A: リラックスして、気楽にやらないと、最後は病気になっちゃうよ。
B: 友達はいつも私にそう言ってるわね。

14

🔊 3_172

A: I am not confident in myself.

B: Why is that?

A: I tend to be quick to conform to other people's opinions.

B: I understand. Building self-confidence requires effort and self-improvement.

A: It might be a challenging journey.

B: Yes, it might take some time, but it's worth it in the end.

【self-improvement 自己改善、自身を向上させる行為　in the end 最後は、結局】

A: 僕は自分に自信がないんだ。

B: それはまたどうして？

A: すぐに他の人の意見に合わせてしまうんだよ。

B: なるほど。自分に自信をつけるには努力と自己改善が必要ね。

A: それって厳しい道のりみたいだな。

B: そう、しばらく時間がかかるかもしれないけど、最終的にはやってみる価値があるよ。

15

🔊 3_173

A: Is there any aspect of your personality that you would like to improve?

B: Yes, there is. I tend to be pessimistic and often view things negatively.

A: Could you provide some examples?

B: Sure. For example, if a friend does not arrive at the scheduled time, I tend to jump to the conclusion that something bad, like an accident, has happened to them.

A: You do seem to have a rather gloomy perspective.

【scheduled time 予定時刻　jump to the conclusion that~ ～だとはやとちりする、急いで～という結論を出す　perspective（物事に対する）見方、視点、態度】

A: あなたは自分の性格で治したい部分がありますか？

B: はい、あります。私は悲観的になりがちで、しばしば物事をネガティブに考えてしまいます。

A: いくつか例を挙げていただけますか？

B: いいですよ。例えば、もし友人が予定時刻に来なかったら、すぐに、その人の身に、事故といった、何か悪いことが起こったに違いないと思ってしまうんです。

A: たしかに根暗な部分をお持ちですね。

性格・性質の語句

I am kind.（私は親切です）、I am a kind person.（私は親切な人間です）あるいは I consider myself a kind person.（私は自分を親切な人間だと思っています）、また You are a considerate person.（あなたは思いやりのある人です）、I think you are a considerate person.（あなたは思いやりのある人だと思います）といった具合に、人の性格や性質を表現する際には適宜、下に掲げた語を用いて下線部を入れ替えて使ってみましょう。

陽気な　cheerful　　朗らかな　cheerful　　愉快な　jolly
おもしろい　funny　　興味深い　interesting　　楽しい　amusing
気楽な　easy-going　　おおらかな　easy-going
親切な　kind　　人懐っこい　friendly
思いやりのある　thoughtful/ considerate/ compassionate
愛情深い　affectionate　　親しみやすい　friendly
社交的な　sociable　　気前がいい　generous
心が広い　big-hearted　　真面目な　serious
礼儀正しい　polite/courteous　　率直な　frank
正直な　honest　　謙虚な　humble
寛大な　tolerant/forgiving/ lenient　　勤勉な　diligent
誠実な　sincere　　責任感のある　responsible
信頼できる　trustworthy　　頼りになる　reliable
穏やかな　gentle　　物静かな　quiet　　行動的な　active
勇敢な　brave　　我慢強い　patient　　熱心な　enthusiastic
好奇心旺盛な　curious　　現実的　realistic
自立した　independent　　積極的な　positive
保守的な　conservative　　用心深い　cautious
内気な　shy　　傷つきやすい　sensitive/ vulnerable
臆病な　timid/ chicken-hearted　　はにかみやの　coy
無邪気な　innocent　　子どもっぽい　childish　　未熟な　immature

頑固な　stubborn　　せっかちな　impatient　　衝動的な　impulsive
怒りっぽい　hot-tempered　　無神経な　insensitive
せっかち　hasty　　無礼な　rude　　不寛容な　intolerant
思いやりのない　thoughtless　　不誠実な　dishonest
冷たい　cold-hearted　　残忍な　cruel　　しつこい　persistent
悪意のある　evil　　いじわるな　mean
攻撃的な　aggressive　　短気な　short-tempered
優柔不断な　indecisive　　消極的な　negative
忘れっぽい　forgetful　　怠惰な　lazy　　神経質な　nervous
不器用な　clumsy　　気まぐれな　fickle　　気分やの　moody
嫉妬深い　jealous　　悲観的な　pessimistic　　小うるさい　fussy
独善的な　dogmatic　　（言動が）おおげさな　theatrical
当てにならない　unreliable　　嘘つき　a liar
大口をたたく人　a big mouth/ a big talker

62 健康

自己紹介において健康のことはともかく、身長や体重など身体的な事柄を話すことはあまり一般的ではありません。しかし、スポーツやフィットネス関連の活動に従事していたり、健康に興味を持っている場合は、身体に関する情報を話題にすることは自然と言えるでしょう。それらを話すことにより共通点を見つけたり、共感を生み出すことがあるかも知れません。また、国際的な状況においては、健康や病気に関する表現は大いに役立つ要素の一つになります。異国の地において体調が悪くなった場合に適切な対処ができることは言うに及ばず、医療機関への相談や診察がスムーズになるため、語学学習の観点から健康、医療の表現を積極的に学習することをお勧めします。

健康です

3_174

I am healthy. = I am in good health.
私は健康です。

I am full of energy every day. = I have a lot of energy every day.
私は毎日、元気いっぱいです。

I am confident in my health.
私は自分の健康に自信があります。

I have always taken care of my health.
私はこれまでずっと自分の健康には気をつけてきました。

There is nothing wrong with my body.
私の身体に悪いところはありません。

健康第一

3_175

I believe that health is the most important thing in life.
私は人生で健康が一番大切だと信じています。

I think that health is more important than money in my life.
私は自分の人生でお金より健康が大切だと思っています。

For me, health is everything. ＝ Health is everything to me.
私にとって健康がすべてです。

健康のために実践している

🔊 3_176

I always try not to do anything that is bad for my health.
私はいつも健康に悪いことはしないよう努めています。

I do not do anything that is considered unhealthy.
私は健康に悪いと言われていることはしません。

I do not smoke and drink.
私は喫煙、飲酒はしません。☞and ＝ nor

I walk for about an hour every day for my health.
私は健康のために毎日だいたい１時間歩いています。

I take a walk at least four times a week.
私は少なくとも週４回は散歩をしています。☞take a walk＝walk

I work out once a week on Saturdays at the gym.
私は週１回土曜日にジムで体を鍛えています。

I take several different supplements every day for my health.
私は健康のために毎日数種類のサプリメントを飲んでいます。

I take vitamins every day after breakfast.
私は毎日、朝食後にビタミン剤を飲んでいます。

健康と食事

🔊 3_177

I am watching my diet.
私は食事には気をつけています。

I am careful to have a balanced diet.
私はバランスの良い食事をするよう気をつけています。

I try to eat nutritious food for the sake of my health.
私は健康のために栄養価の高い食事を心がけています。

I follow a vegetable-based diet for my health.
私は健康のために野菜中心の食事をしています。☞follow = eat

I avoid overeating and excessive drinking.
私は、暴飲暴食はしません。☞excessive「過度の、過剰な」

I am a health nut.
私は健康オタクです。☞health nut「健康オタク、健康マニア」

体脂肪

🔊3_178

My body fat is 15%.
私の体脂肪は 15%です。

A healthy body fat for women is said to be 20% to 29.9 %.
女性の健康的な体脂肪は 20% から 29.9%と言われています。

I have 40% body fat, so I need to reduce it.
私の体脂肪は 40%なので、減らす必要があります。

I need to cut back on fatty foods to reduce body fat.
私は体脂肪を減らすために脂っこいものを控える必要があります。
☞cut back on~「～の量を減らす、～を控える、～を断つ」

I'm starting to cut back on snacking starting tomorrow.
私は明日から間食を控えるつもりです。

I've been told not to eat too many carbs.
私は炭水化物を摂り過ぎないようにと言われています。☞carb「炭水化物」→ carbohydrate の省略形

63 病気

病気はしない

🔊3_179

I have never had a major illness.
= I have never had any major illnesses.
私はこれまで大きな病気をしたことはありません。

I have never been sick before.
私はこれまで病気をしたことがありません。

I have never missed school due to illness.
私は病気で学校を休んだことは一度もありません。☞due to＝because of

I have never missed work because of illness.
私は病気で仕事を休んだことは一度もありません。

I have not been sick for the past year.
私はこの 1 年、病気をしていません。

I only catch a cold once every few years.
私は数年に 1 度風邪をひく程度です。

病気をする

🔊 3_180

I often catch a cold. ＝ I often catch colds.
私は良く風邪をひきます。☞catch a cold と catch colds →両者は一般的な状況を示すため、どちらを使っても問題はありませんが、a cold が 1 回の風邪、catch colds が異なる時期や状況で複数の風邪をひくことを表します。

I get sick a lot.
私はよく病気をします。

I am sick in bed from time to time.
＝ I am sometimes sick in bed.
私は時々病気で寝込んでしまいます。

I got sick due to stress last month.
＝ I became sick due to stress last month.
先月、ストレスで病気になりました。

I became very ill after returning from overseas.
私は海外から帰国した後、重い病気になりました。☞after returning＝after I returned

I was sick a month ago and took a week off from work.
私は 1 か月前に病気をして仕事を 1 週間休みました。☞take a week off from work「1 週間仕事を休む」

I had a major illness three years ago.
私は 3 年前に大きな病気をしました。☞major illness「大きな病気」→ severe illness「深刻な病気」、grave illness「重大な病気」、terminal illness「（もう助からない）最終的な病気」

I was hospitalized for two weeks last year. = I spent two weeks in the hospital last year; I was in the hospital for 2 weeks last year.
私は昨年２週間病院に入院しました。

I had stomach surgery 6 months ago.
私は６か月前に胃の手術を受けました。☞stomach surgery → heart surgery「心臓の手術」

Now I have recovered from my illness and am completely healthy.
今は病気からすっかり回復し元気そのものです。

I don't want to be sick anymore.
もう病気はこりごりです。

I will from now on pay utmost attention to my health so as not to get sick.
これからは病気にならないように健康に最大の注意を払うつもりです。

I am careful not to get sick.
私は病気にならないように気をつけています。

64 健康について質問する

3_181

Are you in good health?
あなたは健康ですか？

Are you confident in your health?
あなたは健康に自信がありますか？

What are you doing for your health?
健康のために何をしていますか？

Are you doing something good for your health?
健康のために何か良いことをしていますか？

Do you have any health concerns?
健康で悩んでいることはありますか？

Do you catch a cold?
風邪をひきますか？

Have you ever had a major illness?
これまでに大きな病気をしたことはありますか？　☞major illness = serious illness

When did you have a major illness?
いつ大きな病気をしましたか？

Have you ever been hospitalized for an illness?
病気で入院したことはありますか？

Have you ever had surgery?
これまでに手術を受けたことはありますか？　☞had surgery = undergone surgery

What do you think you should do to avoid getting sick?
あなたは病気にならないためにはどうしたら良いと思っていますか？

健康のための運動は

3_182

Do you do any exercise for your health?
健康のために何か運動はしていますか？

What kind of exercise do you do for your health?
健康のためにどんな運動をしていますか？

健康のための食事は

3_183

Do you pay attention to your diet for your health?
健康のための食事には気をつけていますか？

What kind of foods do you eat?
どういった食事をしていますか？

Are you eating a vegetable-based diet?
野菜中心の食事をしているのですか？

What vegetables do you eat for your health?
健康のためにどんな野菜を食べていますか？

体脂肪は

3_184

How much body fat do you have? = What is your body fat?
あなたの体脂肪はどれくらいですか？

Are you doing anything to lose body fat?
体脂肪を落とすために何かしていますか？

What are you doing to lose body fat?
体脂肪を落とすために何をしていますか？

サプリメントは
3_185

Are you taking any supplements?
サプリメントは飲んでいますか？

What supplements do you take?
どのサプリメントを飲んでいますか？

What kind of supplements are you taking?
どんな種類のサプリメントを飲んでいますか？

応用してみよう

好きな個所、自分に適した文を選び組み合わせてみましょう。

ショートスピーチ編

1

3_186

I am healthy. I am full of energy every day because I have always taken care of my health. In fact, I eat only nutritious food, avoid overeating and excessive drinking, and I never forget to take several different supplements every day after breakfast. I am a health nut.

私は健康です。つねに健康には気を配っているので毎日、元気いっぱいです。実際、私は暴飲暴食を避け、栄養価の高いものしか口にしませんし、毎日、朝食後には必ず数種類のサプリメントを飲んでいます。私は健康オタクです。

2

🔊 3_187

I am confident in my health. There is nothing wrong with my body. I do not engage in any unhealthy behaviors. I neither smoke nor drink. I avoid oily foods and make it a rule to take a walk for about an hour at least four times a week. Additionally, I work out once a week on Saturdays at the gym. These are the steps I take to maintain my health.

【make it a rule to~ ～することにしている、必ず～する　step（目的達成のための）手段、措置】

私は自分の健康に自信があります。体に悪いところは一つもありません。健康に悪いことはなにもしません。酒もたばこもやりませんし、脂っこい食べ物を避け、1週間に最低4回は1時間ばかり散歩をすることにしています。加えて、1週間に一度、土曜日にジムで体を鍛えています。これらが健康を維持するために私が行っていることです。

3

🔊 3_188

I was once hospitalized for an illness, and I still cannot forget how painful and inconvenient it was. Since then, I have always believed that the most important thing in life is health. In fact, you cannot do what you want or eat what you desire if you are ill, even if you are extremely wealthy. Only in good health will you be able to fully enjoy life. Therefore, I always avoid things that could be detrimental to my health as much as possible.

【detrimental 有害な、害をもたらす】

かつて私は病気で入院したことがあり、それがどんなに辛く不便だったかを今でも忘れることができません。それ以来、ずっと私は人生で健康が一番大切であると信じています。実際、もし病気になれば、たとえ大富豪であったとしても、したいこともできないし、食べたいものも食べられません。健康であればこそ、人生を存分に楽しむことができるのです。そこで、私はいつも、健康に害があるだろうものはできる限り避けています。

会話編

1

🔊 3_189

A: I believe that health is the most important thing in life.
B: Do you really think that's more important than money?
A: To me, it is. Money comes second, I guess.

A: 僕は人生で健康が一番大切だと信じているんだ。
B: それがお金よりも大切だと、本当に思っている？
A: 僕にとっては、そうさ。お金は二の次だと思うな。

2

🔊 3_190

A: I am confident in my health.
B: Haven't you ever had a major illness?
A: I have never had a major illness. Actually, I have never been sick for the past ten years.

A: 僕は健康に自信がある。
B: これまで大きな病気をしたことはないの？
A: 大病したことは一度もないね。実際、この 10 年間、一度も病気をしてないんだ。

3

🔊 3_191

A: Do you have any health concerns?
B: No, never.
A: Are you doing something good for your health?
B: Yes, I do. I do not smoke and drink, and I am careful to maintain a balanced diet.

A: 健康上の不安はありますか？
B: いや、ぜんぜん。
A: 健康のために何かいいことをしていますか？
B: うん、してるよ。僕は酒もたばこもやらないし、バランスの良い食事の維持に気をつけているんだ。

4

🔊 3_192

A: I do not do anything that is considered unhealthy.
B: That's why you are full of energy every day.
A: That's right. For me, health is everything.

A: 僕は不健康だと思われていることは何一つしてないね。
B: だからあなたは毎日、元気いっぱいなんだ。
A: その通り。僕にとって、健康がすべてさ。

5

🔊 3_193

A: I try to eat nutritious food for the sake of my health.
B: What kind of foods do you usually eat?
A: I follow a vegetable-based diet. Oh, and I avoid overeating and excessive drinking.
B: I suppose I could learn a thing or two from your eating habits.

【could learn a thing or two from ～ ～から１つか２つ学ぶ点があるだろう、～を少し見習ってもいいのではないか】

A: 私、健康のために栄養のある食事を心がけているんだ。
B: いつもどういった物を食べているの？
A: 野菜ベースの食事ね。あ、それに暴飲暴食は避けてるわね。
B: あなたの食習慣を少し見習おうかな。

6

🔊 3_194

A: Do you do any exercise for your health?
B: Yes, I do.
A: What kind of exercise do you do?
B: I walk for about an hour every day.

A: 健康のために何か運動してる？
B: ええ、してるわよ。
A: どんな運動をしてるの？
B: 毎日、１時間ばかり歩いてるわね。

7

🔊 3_195

A: I take several different supplements every day for my health.

B: What supplements do you take?

A: I take several vitamins after breakfast.

B: Are you feeling the benefits of taking those vitamins?

A: Yes, I am.

【feel the benefits of~ ～の恩恵を実感する】

A: 私は健康のために毎日、数種類のサプリメントを飲んでいます。
B: どういったサプリメントを服用していますか？
A: 朝食後、数種類のビタミン剤を飲んでいます。
B: そのビタミン剤を服用して効果を実感していますか？
A: はい、しています。

8

🔊 3_196

A: Do you catch colds often?

B: No, never. I've never caught a cold as far as I can remember. How about you?

A: I often catch colds. Tell me, what do you do to avoid catching a cold?

B: I'm paying attention to my diet and exercising regularly.

A: 風邪はよくひく？
B: いや、まったく。記憶にある限り一度も風邪をひいたことはないな。君はどう？
A: 私はよく風邪をひくの。ねえ、風邪をひかないために何してる？
B: 食事に気をつけることと、定期的に運動をしてるんだ。

9

🔊 3_197

A: Have you ever been hospitalized for an illness?

B: Yes, I was hospitalized for two weeks several years ago.

A: What was the reason for your hospitalization?

B: I became ill after returning from overseas. I've been careful not to get sick ever since.

A: これまで病気で入院したことはありますか？
B: はい、数年前に２週間入院しました。
A: 入院の理由は何でしたか？
B: 外国から帰宅して病気になりましてね。それ以来、私は病気にならないように注意しています。

10

3_198

A: How much body fat do you have?
B: I have 40% body fat, so I need to reduce it.
A: Are you doing anything to reduce it?
B: No, not yet. But I'm planning to cut back on snacking tomorrow.

【cut back on~ ～の量を減らす、～を削減する】

A: 体脂肪はいくら？
B: 私、体脂肪率 40%なので、減らす必要があるの。
A: それ、減らすために何かしてる？
B: いえ、まだだけど。でも明日から間食を減らすつもりよ。

病気の語句

「私にはアレルギーがあります」は I have an allergy.「私は風邪をひいています」は I have a cold.「私は片頭痛持ちです」は I have migraine. といった具合に病気にかかっている状態を言い表す場合は「S ＋ have ＋病気」です。また、同様の意味で I suffer from heat stroke.（私は熱中症にかかっています）とか I suffer from toothache.（歯痛で苦しんでいます）のように suffer from~（「病気など」を患う、~に苦しむ、~で困っている）を使って「S ＋ suffer from ＋病気」の形で使います。現在進行中の状態を強調する際には I am suffering from a headache.（今、頭痛です）のように現在進行形を用いて言い表すと良いでしょう。なお、過去の事実を言い表す場合は過去形を使って I had~ 、I suffered from~ とします。

アレルギー　allergy　花粉症　hay fever　風邪　cold
くしゃみ　sneeze　悪寒　chills　咳　cough
熱　fever　喉の痛み　sore throat　扁桃炎　tonsillitis
インフルエンザ　influenza　気管支炎　bronchitis
ヘルペス cold sore/herpes　喘息　asthma
頭痛　headache　片頭痛　migraine　鼻血　nosebleed
めまい　dizziness　肺炎　pneumonia
おたふくかぜ　mumps
鼻詰まり　nasal congestion/ stuffy nose
耳痛　earache　歯痛　toothache　虫歯　cavity
炎症　inflammation　湿疹　rash　虫刺され　insect bite
水ぶくれ　blister　水ぼうそう　chickenpox　はしか　measles
水虫　athlete's foot　腫物　skin boil/ swelling　切り傷　cut
胃痛　stomachache　消化不良　indigestion　胸やけ　heartburn
食中毒　food poisoning　痔　hemorrhoids/piles
便秘　constipation　下痢　diarrhea　結核　tuberculosis
ガン　cancer　潰瘍　ulcer　白血病　leukemia
肝炎　hepatitis　糖尿病　diabetes　心臓病　heart disease
心臓発作　heart attack　脳卒中　stroke
脳梗塞　brain infarction
脳出血　bleeding in the brain/ cerebral bleed
過労　overwork　失読症　dyslexia　失語症　aphasia
不眠症　insomnia　ヘルニア　hernia　腰痛　backache
ぎっくり腰　slipped disc　痙攣　cramp
捻挫　sprain　骨折　fracture　腕の骨折　broken arm
足の骨折　broken leg　出血　bleeding
高血圧　high blood pressure　低血圧　low blood pressure

I take two vitamin tablets in the morning.
「私は朝ビタミン剤を２錠服用します。」のように「飲む、服用する」という場合は take です。

ビタミンA　vitamin A　ビタミンC　vitamin C
ビタミンE　vitamin E　マルチビタミン　multivitamin

65 身長について

身長や体重は自己紹介をはじめ、友人や同僚との会話で頻繁に言及されるトピックの一つです。語学力、コミュニケーション能力を向上させる上で必要不可欠な要素といえるでしょう。

背が高い
3_199

I am tall.
私は背が高いです。

I am 180 centimeters tall.
私の身長は 180 センチです。

I am tall for my age.
私は年齢の割には背が高いです。☞for = considering

I am tall because my father is tall.
私の背が高いのは父親譲りです。

I am tall, but my parents are not.
私は背が高いのですが、両親は高くありません。

比較して高い
3_200

I am 5 cm taller than the average height of women my age.
私は私の年齢の女性の平均身長より 5 センチ高いです。☞5 cm = 5 centimeters

I think I am about 7 cm taller than the average height of Japanese men.
私は日本人男性の平均身長より 7 センチほど高いと思います。

一番高い
3_201

I am the tallest in my family.
私は家族の中で一番背が高いです。

I think I am the tallest in my class.
私はクラスで一番背が高いと思います。

伸びている

🔊 3_202

I am still growing taller.
私はまだ身長が伸びています。

I am growing 5 cm a year.
私は 1 年に 5 センチ伸びています。☞a year = per year

I started growing taller suddenly when I was in middle school.
私は中学生の頃から突然背が伸び始めました。

I have grown 7 centimeters taller in the last year.
= I grew 7 centimeters in the last year.
私は昨年、7 センチ背が伸びました。

もう少し高くなりたい

🔊 3_203

I would like to grow a little taller.
私はもう少し身長が欲しいです。

I would like to grow 10 centimeters taller.
あと 10 センチ身長が欲しいです。

I play basketball and would like to be an additional 20 cm taller.
私はバスケットボールをしているので、あと 20 センチ背が高くなりたいです。

If I were a little taller, I would be popular with girls.
私にもう少し身長があれば、女の子にもてるのだけど。

I envy tall people.
私は背が高い人が羨ましいです。

身長がストップ

🔊 3_204

My height is no longer growing.
= My height is not growing anymore.
私の身長はもう伸びていません。

My height growth has completely stopped.
身長の伸びは完全に停止しました。

これ以上高くなりたくない
🔊 3_205

I don't want to grow taller than I am now.
= I don't want to grow any taller.
もうこれ以上背が高くなりたくないです。

I do not want my height to grow any more.
もうこれ以上背が伸びて欲しくないです。

I am too tall to stand out. = I am too tall to be noticeable.
背が高すぎて目立ってしまいます。☞stand out「突出する、目立つ、人目につく」

平均的
🔊 3_206

I am average height. = I am of average height; My height is average.
私の身長は平均です。

My height is average for a high school student.
私の身長は高校生としては平均的です。

My height is the average height of an adult female.
私の身長は成人女性の平均身長です。

I am neither tall nor short.
私は背が高くも低くもありません。

I am happy with my current height.
= I am satisfied with my height now.
私は現在の身長に満足しています。☞「不満だ」とする場合は be not happy with~; be not satisfied with~

背が低い
🔊 3_207

I am short.
私は背が低いです。

I am a little short for an 18-year-old male.
私は 18 歳の男性にしては少し背が低いです。

I am on the shorter side of my class.
= I belong to the shorter side of my class.
私はクラスでは背が低いほうです。

I am a bit shorter than my mother.
私は母より少し背が低いです。☞a bit = a little

Can anyone tell me if there is a way to increase my height?
誰か身長を伸ばす方法があったら教えてくれますか？

66 身長について質問

身長については、相手との関係性やコミュニケーションの文脈によって適切な質問かどうかを判断することが大切です。なお、相手が自発的に身長を話題にした場合は、その限りではありません。

🔈3_208

How tall are you? = What is your height?
身長はどれくらいありますか？

You are tall. Do you play any sports?
背が高いですね。何かスポーツをしていますか？

You are tall. Are you a fashion model or something?
背が高いですね。ファッションモデルかなにかですか？

Have you been tall since you were little?
小さい時から背が高かったのですか？

When did you start growing taller?
いつから背が高くなったのですか？

Are you taller in your country?
あなたはお国では背が高いほうですか？

Have you ever benefited from being tall?
背が高くて得をしたことはありますか？ ☞benefit from~「~から恩恵を受ける、~から利益を得る」

Have you ever had a loss because of your short stature? = Have you ever experienced any disadvantages due to your short stature?

背が低くて損をしたことはありますか？

応用してみよう

好きな個所、自分に適した文を選び組み合わせてみましょう。

ショートスピーチ編

1

🔊 3_209

I am 180 centimeters tall. I have grown 5 centimeters taller in the last year and I am still growing taller. Since I play basketball, I would like to grow at least another 10 cm taller. If anyone knows how to increase my height, please let me know.

私の身長は180センチです。昨年5センチ背が伸びましたが、まだ伸び続けています。私はバスケットボールをしているので、少なくともあと10センチは高くなりたいです。もし誰か身長を伸ばす方法を知っていたら、私に教えてください。

2

🔊 3_210

I am 172 centimeters tall. My height is average for a high school male student. However, I am a little disappointed since my growth has completely stopped. I really want to grow 10 more centimeters taller, as I am planning to study abroad in America, where the average height of adult men is 178 centimeters.

私の身長は172センチです。この身長は高校男子生徒の平均です。しかし、私は身長が完全にストップしたので少し失望しています。あと10センチは欲しかったと本当に思っています。というのも、私は成人男性の平均身長が178センチのアメリカへの留学を計画しているからです。

会話編

1

🔊 3_211

A: You are very tall. How tall are you?

B: I'm 200 centimeters tall. I'm the tallest in my school.

A: I believe you play basketball.

B: Very close. Actually, I play volleyball.

A: あなたはすごく背が高いですね。身長はいくらありますか？

B: 2メートルです。学校で一番背が高いんです。

A: きっとバスケットボールをしているんでしょう。

B: 惜しいですね。実は、バレーボールをしています。

2

🔊 3_212

A: Have you ever benefited from being tall?

B: Yes, I have. I can easily reach shelves to unload my luggage.

A: How about experiencing any disadvantages due to your height?

B: I guess it's that I often bump my head when I enter a room.

A: これまで背が高くて得をしたことはありますか？

B: はい、あります。簡単に棚に手が届いて荷物を下せます。

A: その身長のせいで不利益を経験したことはどうです？

B: 部屋に入る時によく頭をぶつけることですかね。

3

🔊 3_213

A: I don't want to be taller than I am now.

B: Why you don't want to be any taller?

A: Because I'm already too tall to stand out.

B: Come on! With your height and looks, you could totally be a fashion model.

A: 今以上に高くなりたくないわ。

B: どうしてそれ以上高くなりたくないんだい？

B: だってもう既に高すぎて目立っているもの。

B:　よせよ！その身長とルックスがあれば、一発でファッションモデルになれるじゃない。

4

3_214

A: I am of average height.
B: What's the average height for an adult Japanese male?
A: It's around 172 centimeters tall.
B: So, I'm two centimeters taller than you.
A: Actually, that was my height last year. I should be a little taller now.
B: Well, there's no point competing over something like that.

A:　僕の身長は平均です。
B:　日本の成人男性の平均身長はいくら？
A:　172 センチ前後。
B:　じゃあ、僕は君より 2 センチ高いな。
A:　実はさ、それは僕の去年の身長で、今はそれより少し高くなっているはずさ。
B:　ちょっと、そんなことで競い合ったって何の意味もないよ。

5

3_215

A: My height isn't growing anymore. I really wish I were taller.
B: How tall did you want to be?
A: I wanted to be at least 180 centimeters tall.
B: What's the reason for that?
A: Well, because tall people are often more popular with girls.

A:　僕の身長はもう伸びてないんだ。本当にもっと背が高かったらよかったのになぁ。
B:　身長がいくらあれば良かった？
A:　少なくとも 180 センチは欲しかったけど。
B:　その理由はなに？
A:　だって、背が高いとよく女の子にモテルからさ。

67 体重

平均的

🔊3_216

I think my weight is average.
私の体重は平均的です。

I weigh 56 kilos, which I believe is average for a woman of 160 cm in height.
私の体重は 56 キロで、身長 160 センチの女性としては平均です。☞kilos = kilograms

I would like to stay at my current weight.
私は今の体重のままでいたいです。

I don't want to gain more weight than I am now, nor do I want to lose weight.
今より太りたくないし、痩せたくもありません。

I do many things to maintain my current weight.
私は今の体重を維持するために多くのことをしています。

体重がある

🔊3_217

I'm concerned about my weight.
私は自分の体重が心配です。

I think I am a little overweight myself.
= I consider myself somewhat overweight.
私は自分でも少々太り気味だと思います。

Recently, I've been gaining weight.
最近、体重が増え気味です。

I have a tendency to gain weight.
= I am prone to weight gain.; I am easily overweight.
私は太る体質です。☞have a tendency to~「～する傾向にある、～しがちである」
☞be prone to~「～になりやすい、～しがちである」

I gain weight very quickly when I don't exercise.
= I gain weight quickly if I don't exercise.
私は運動をしないとすぐに太ってしまいます。

I gain weight just by eating the same normal diet as everyone else.
私は皆と同じ普通の食事をしているだけで太ってしまいます。

I weigh 90 kilograms.
私の体重は 90 キロあります。

I always end up overeating and gaining weight.
私はいつも食べ過ぎて体重が増えてしまいます。☞end up ~ing「〜する羽目になる」

I think I have an unbalanced diet.
私はバランスの悪い食事をしているのだと思います。

I've gained 10 kilos over the past few years.
ここ数年で 10 キロも増えました。

I'm on a restricted diet, but I gain weight.
食事制限をしているのですが、体重が増えます。
☞be on a restricted diet 食事制限をしている

I don't want to gain any more weight.
もうこれ以上体重が増えるのはごめんです。☞gain ＝ put on

I need to lose weight or I may become bedridden in the future.
体重を落とさないと、将来、私は寝たきりになるかも知れない。
☞bedridden「（病気などで）寝たきりの」

コメント

end up doing は We always end up arguing.（私たちはいつも最終的には口論をすることになる）とか He ended up being rich.（彼は最後には金持ちになった）のように「最終的には～することになる、結局は～することになる」の意で頻繁に使われます。また、on a diet は「ダイエット中で」の意で「ダイエット中です」とする場合は I am on a diet.（私はダイエット中です）のように be on a diet。「ダイエットを始める」とする際は I need to go on a diet.（私はダイエットをする必要があります）のように go on a diet とします。

体重を増やす

3_218

I would like to gain some weight.
私は体重を少し増やしたいです。

I would like to gain about 5 kilos of weight.
5 キロくらい体重を増やしたいです。☞kilos ＝ kilograms

I need to add 3 to 5 kilos to reach the average weight for my height.
私の身長の平均体重まで 3 から 5 キロ必要です。☞to add ＝ to gain

I am quite skinny compared to my friends and would like to gain weight.
私は友人たちに比べてかなり痩せているので、体重を増やしたいのです。
☞compared to ~「～と比べて」

コメント

compared to~ は Compared with my sister, I am much taller.（妹と比べて、私はかなり背が高い）に見られる compared with~ とほぼ同様の意味で用いられますが、compared to~ のほうがより一般的。

68 体を鍛える

🔊3_219

I am trying to eat and train to gain weight.
体重を増やすために食事とトレーニングに励んでいます。

I am working hard on my diet and training to gain weight and build muscle.
私は体重を増やし筋肉をつけるために食事とトレーニングに励んでいます。

コメント

「食事に取り組む」の意を表す work hard on one's diet は、健康を維持したり、体重を減らしたりすることを意図した食事目標を達成するために食事に対して真剣に取り組むことを意味して使われます。

I go to the gym to work out.
私は体を鍛えるためにジムに通っています。
☞work out「（スポーツジムなどで）運動する、トレーニングする」

I'm working out to build a muscular body.
筋肉質の体を作るためにトレーニングに励んでいます。

I do daily abdominal exercise to get rid of belly fat.
お腹の脂肪を取るために毎日、腹筋運動をしています。☞abdominal exercise「腹筋運動」 ☞get rid of ~「（不要なものなど）を取り除く、を排除する、を処分する」

I do exercises to lose excess fat from my body.
私は体の余分な脂肪を落とすためにエクササイズをしています。
☞excess「余分の、超過の」

I go to the gym 4 days a week to get my ideal body.
私は理想的な体を手に入れるために週 4 日、ジムに通っています。

I am very careful about my diet and exercise to achieve a healthy body.
私は健康な体を目指して食事と運動には気を使っています。☞achieve「手に入れる」

減量する

3_220

I would like to lose some weight.
少し体重を落としたいのです。

I would like to lose 3 kilos from my current weight.
現在の体重から 3 キロ落としたいのです。

If there is a way to lose weight the easy way, let me know.
もし体重を減らすやさしい方法があったら教えてください。

I'm going to try to lose five kilos in a month starting tomorrow.
私は明日から 1 か月で 5 キロ落とすつもりです。

I am trying, every day, to lose weight.
毎日、私は減量に挑戦しています。

I'm currently trying to lose weight.
現在、私は減量に挑戦中です。

I am doing everything I can to lose 10 kilos.
私は 10 キロ落とすためにできることはすべてやっています。

I lost 3 kilos in a month.
1 か月で 3 キロ落としました。

I succeeded in losing 10 kilos in six months.
私は 6 か月で 10 キロの減量に成功しました。

I have successfully lost 20 kilos from 80 kilos.
私は 80 キロから 20 キロの減量に成功しました。

I went to the gym 3 days a week and lost 5 kilos.
私は週 3 日ジムに通って 5 キロ減量しました。

I have lost 10 kilos on a vegetable diet.
私は野菜ダイエットで 10 キロ落としました。

痩せる

3_221

I want to be a little thinner than I am now.
私は今より少しやせたいです。

I want to be as thin as a fashion model.
ファッションモデルみたいに細くなりたいです。

I am skinny.
私は痩せています。

I am rather on the skinny side. = I am more of a skinny person.
私はどちらかというと痩せています。

Everyone tells me I am too thin.
みんな私が痩せすぎだと言います。☞too thin = too skinny

I weigh 5 kilos less than the average weight of a man my age.
私の体重は同じ年齢の男性の平均体重より5キロ少ないんです。

I am concerned because lately my weight has been dropping rapidly.
最近、体重が急に減ってきているので心配です。

---

69 体について質問する

あなたの体重は 3_222

What is your weight? = How much do you weigh?
あなたの体重はいくつですか？

May I ask your weight? = May I ask what your weight is?; Can I ask how heavy you are?
あなたの体重を聞いてもいいですか？

Can you tell me your weight?
あなたの体重を教えてもらえますか？

May I know your weight?
あなたの体重を教えていただけますか？

なぜ体重を増やしたい 3_223

Why do you want to gain weight?
どうして体重を増やしたいのですか？

To me you don't look fat.
私にはあなたは太っているように見えませんけど。

Have you gained weight?
体重が増えましたか？

How many kilos did you gain in one month?
1か月で何キロ増えましたか？

What is the reason for your weight gain?
体重が増えた理由は何ですか？

Did you eat too much?
食べ過ぎですか？

なぜ体重を減らしたい

3_224

What is the reason for wanting to lose weight?
＝ What is the reason you want to lose weight?
体重を減らしたい理由はなんですか？

Are you doing anything to lose weight?
体重を減らすために何かしていますか？

What are you doing to lose weight?
体重を減らすために何をしていますか？

体を鍛える理由は

3_225

What is the reason for working out?
＝ What is the reason you work out?
体を鍛える理由は何ですか？

ダイエットは

3_226

When will you start your diet?
いつからダイエットを始めるつもりですか？
☞「いつから～を始めたか」にする場合は will を did に変更する。

What diet are you going to follow to lose weight?
体重を減らすためにどういうダイエットをするつもりですか？

What diet are you eating to lose weight?
体重を減らすためにどんな食事をしていますか？

How long have you been on the diet?
= How long have you been implementing the diet?
そのダイエットはどれくらいの期間続けていますか？ ☞implement「（計画などを）実行する、実施する」

Did you experience any difficulties during your diet?
= Did you suffer during the duration of your diet?
ダイエットの期間中は苦しかったですか？ ☞duration「継続期間、継続時間」

Was the diet successful?
ダイエットは成功しましたか？

エクササイズは

3_227

Have you been to a gym?
ジムに通いましたか？

How long have you been going to the gym?
ジムにはどれくらいの期間、通っていますか？

What kind of exercise do you do to lose weight?
体重を減らすためにどういったエクササイズをしていますか？

Are the exercises at the gym tough?
ジムでのエクササイズはきついですか？

エクササイズの結果は

3_228

How are the results of your exercise?
エクササイズの結果はどうですか？ ☞your exercise → your tearful efforts「あなたの涙ぐましい努力」

Have you had any success with your exercise?
エクササイズの成果は出ましたか？

How many kilos have you lost?
何キロ落としましたか？

How long did it take you to lose five kilos?
5キロ体重を落とすのにどれくらいの期間がかかりましたか？

Did you get the results you wanted from the exercises?
エクササイズの結果、あなたの望む成果を手に入れましたか？

Have you achieved the model body shape you desire?
お望みのモデル体型は手に入りましたか？

How long did it take you to achieve your current shape by going to the gym?
現在の体型を手に入れるのにどれくらいの期間ジムに通いましたか？
☞achieve = get

I envy your beautiful figure.
あなたの美しい体型が羨ましいです。☞figure = shape

応用してみよう

好きな個所、自分に適した文を選び組み合わせてみましょう。

ショートスピーチ編

1

3_229

I weigh 10 kilos more than the average weight for a woman of my height. Therefore, I want to lose at least 8 kilograms. Last year I did various exercises and was very careful about my diet. I went to the gym three times a week and, of course, never missed doing abdominal exercises to get rid of belly fat. I worked really hard but could not achieve the desired results. I feel like I gain weight just by eating the same normal diet as everyone else. Maybe I need to follow a strict diet this time in order to succeed.

私は体重が私の身長の女性の平均体重より 10 キロオーバーです。そこで、私は少なくとも 8 キロ減量したいと思っています。昨年、私は色んなエクササイズをし、食事にも気をつけました。1 週間に 3 回ジムに通いましたし、もちろん、お腹の脂肪を落とすための腹筋運動も怠りなくしっかり行いました。一生懸命努力したのですが、望んだ結果を得ることはできなかったのです。どうやら私は他のみんなと同じ普通の食事をしても太るみたいです。今回、成功するためには厳しいダイエットを実行する必要がありそうです。

2

3_230

I go to the gym in my neighborhood four times a week. It's not for me to have a model-like figure, but for having a healthy body. Until just a few years ago, I was overweight. I think it was because I did not exercise and had an unbalanced diet. Due to my weight, I could not confide my feelings to the person I fell in love with at first sight. But that's not the case anymore. Now that I have achieved this healthy body, I have more confidence in myself. I am a different person than I was before.

【confide one's feelings 気持ちを打ち明ける、思いを打ち明ける　fall in love at first sight 一目ぼれする、一目で恋に落ちる　that's not the case anymore もう事実ではない、今はそうではない】

私は週４回、近所のジムに通っています。それは私がモデルのような体型を手に入れるためではなく、健康的な体を手に入れるためです。つい数年前まで、私は太りすぎでした。その理由は私が運動をしなかったのと、バランスの悪い食事をしていたためだと思います。その体重のせいで、私は一目ぼれした人に想いを打ち明けることができませんでした。しかし、もう今は違います。この健康的な体を手に入れた今、私は自分に自信を持っています。私は以前の私ではないのです。

会話編

1

3_231

A: I'm concerned about my weight.
B: Why?
A: I've noticed that I've been gaining weight lately.
B: May I ask how much you weigh?
A: No, that's a secret.

A: 私、体重が心配なの。
B: どうして？

A: 最近、体重が増えていることに気づいたのよね。
B: 体重を聞いてもいい？
A: だめ、それは秘密よ。

2

3_232

A: I've gained 10 kilos over the past six months.
B: What's the reason for your weight gain?
A: I'm not sure. Perhaps I've had an unbalanced diet.

A: この半年で体重が 10 キロ増えちゃった。
B: 体重が増えた理由はなに？
A: よくわからない。バランスの悪い食事をしていたからかな。

3

3_233

A: What's the reason for wanting to lose weight?
B: Because I don't want to become bedridden in the future.
A: To me, you don't look fat.
B: Actually, I weigh 10 kilos more than the average man my age.

A: 体重を落としたい理由はなに？
B: 将来、寝たきりになりたくないからさ。
A: 私には、太ってるように見えないけど。
B: 実は、僕の年齢の男性の平均より 10 キロオーバーなんだ。

4

3_234

A: What are you doing to lose weight?
B: I'm exercising to lose excess fat from my body.
A: Are the exercises working for you?
B: Yes, I'm starting to feel the effects gradually. I managed to lose 2 kilos just in a week.

【work 上手くいく、効く、功を奏す　manage to ~ 何とか~する】

A: 体重を落とすために何してる？

B:　体の余分な脂肪を落とすために運動してるけど。
A:　その運動、効いてる？
B:　ええ、徐々に効果を実感し始めてるわよ。わずか 1 週間でなんとか 2 キロ落とせたわ。

5

3_235

A: I succeeded in losing 10 kilos in a year.
B: How did you manage to lose 10 kilos?
A: I went to the gym 3 days a week.
B: And?
A: I also followed a strict diet, which was tough.

A:　1 年で 10 キロ減に成功したわ。
B:　いったいどうやって 10 キロも落としたの？
A:　週 3 回ジムに通ったの。
B:　それと？
A:　それに厳しいダイエットをやったわよ。辛かったけど。

6

3_236

A: I can see you got the results you wanted.
B: Yes, I did. Finally!
A: How long did you go to the gym to achieve your current shape?
B: Almost two years.
A: I really envy your beautiful figure.
B: Thank you. You are very sweet.

【figure 姿、容姿、スタイル、体型】

A:　望んだ結果を手に入れたようね。
B:　うん、やったわよ。ついに！
A:　今の体型を手に入れるためにジムに通った期間はどのくらい？
B:　ほぼ 2 年。
A:　ほんと、その美しいスタイルうらやましいな。
B:　ありがとう。あなたって優しいのね。

70 自己紹介を締めることば

自己紹介の最後に、相手に感謝の気持ちを伝えたり、将来の展望を述べることで、相手とのこれからのコミュニケーションを円滑にすることはもちろん、相手に好印象を与える重要なチャンスでもあるだけに、忘れずに簡潔な言葉で締めましょう。

🔊 3_237

Thank you for your time and attention.
皆さんの時間を割いていただきありがとうございました。

Thank you so much for listening to me.
ご静聴、誠にありがとうございました。→字義通りの訳「私の話に耳を傾けていただき本当にありがとうございました」から

It was a pleasure meeting you all.
= It was a real pleasure to meet you all.
皆さんにお会いできて嬉しかったです。

I look forward to connecting with you again soon.
またすぐにお会いできることを楽しみにしています。
☞look forward to ＋名詞 or 動名詞「～を楽しみにしている」
☞connect with~「～と関係を持つ、～と連絡をとる、～とつながる」

I hope to see you all again soon.
またすぐに皆さんにお会いできることを楽しみにしています。

I look forward to working with you in the future.
今後ともどうぞよろしくお願い致します。→字義通りの訳「将来、皆さんとお仕事ができることを楽しみにしています」から

I am excited about the opportunities ahead, and I hope we can work together in the future.
今後の機会にワクワクしており、将来一緒にお仕事ができることを願っています。

If you have any further questions, feel free to reach out to me.
さらに質問がございましたら、お気軽に連絡ください。☞feel free to ~「自由に～する、遠慮なく～する」 ex. Feel free to come visit me at my home.（遠慮なく私の家に遊びにおいでください） ☞reach out to ~「～に接触する」 ex. I will reach out to her and see if she is okay.（彼女が大丈夫かどうか連絡して確認します）

Wishing you all the best in your endeavors.

皆さんのご活躍を心よりお祈りしております。☞wish you all the best「皆さんがうまくいくよう祈っている、皆さんの幸運を祈っている、皆さんの（努力が）実を結びますように」 ☞endeavor「努力、尽力、試み」

Once again, thank you for having me today.

改めて、本日お招きいただき、ありがとうございました。

コメント

look forward to~ は、Let's look forward to a better future.（より良い明日を期待しよう）とか、I look forward to a bright future for you.（あなたの明るい未来を期待しています）といった具合に、「～を楽しみにする、～を心待ちしている」との意味で、to の後は名詞または動名詞がきます。動詞の原形は来ないので気をつけましょう。

なお、「今後ともどうぞよろしくお願いします」はビジネスなどでの締めの挨拶の定番で、「今後とも良い関係を続けていきたい」といった希望を表す言葉であることから、I hope we can work together in the future. とします。また、日頃お世話になっている会社の先輩や上司に対して用いる場合は Thank you for your continued support and guidance. とすればよいでしょう。ちなみに、「今後ともご指導のほどよろしくお願いします」としたいときは I look forward to your continued guidance. となります。

著者紹介

曽根田 憲三（そねだ・けんぞう）

立教大学大学院修了。相模女子大学名誉教授。UCLA（カリフォルニア大学ロサンゼルス校）客員研究員（1994、1997、2000）。元映画英語教育学会会長、アメリカ映画文化学会名誉会長、映画英語アカデミー学会名誉会長。著書に『今日のアメリカ小説』『アメリカ文学と映画』『ハリウッド映画でアメリカが読める』（開文社出版）、『音声 DL 付〈50 音順〉一日の会話で使う動詞のすべてを英語にしてみる』『音声 DL 付　一日の会話のすべてを英語にしてみる』『CD BOOK 一日のすべてを英語で表現してみる』『MP3 CD-ROM 付　和英対訳　英語で日本昔ばなし』『CD BOOK シンプルな英語で日本を紹介する』『CD BOOK 暮らしの英会話表現辞典』『CD BOOK 数・単位・計算の英語表現集』（ベレ出版）、『風と共に去りぬ』『第三の男』『シャレード』『ローマの休日』『欲望という名の電車』『サウンド・オブ・ミュージック』『赤毛のアン』『JFK』『雨に唄えば』『ザ・ファーム　法律事務所』（スクリーンプレイ事業部）をはじめ、50 タイトルを越える名作映画完全シナリオ対訳シリーズ等を含めると、出版した書籍の数は 170 冊を超える。

●——カバーデザイン　田栗克己
●——DTP　スタジオ・ポストエイジ
●——イラスト　いげためぐみ
●——音声ナレーション　Howard Colefield / Jennifer Okano（アメリカ英語）

［音声 DL 付］自己紹介からはじめてどんどん仲良くなるための英会話表現集

2024 年 3月 25 日　初版発行

著者	曽根田 憲三
発行者	内田 真介
発行・発売	ベレ出版 〒162-0832　東京都新宿区岩戸町12 レベッカビル TEL.03-5225-4790 FAX.03-5225-4795 ホームページ　https://www.beret.co.jp/
印刷	モリモト印刷株式会社
製本	根本製本株式会社

落丁本・乱丁本は小社編集部あてにお送りください。送料小社負担にてお取り替えします。

ISBN 978-4-86064-760-5 C2082　　編集担当　綿引ゆか

CD BOOK 2枚付き 一日のすべてを英語で表現してみる

曽根田憲三／ブルース・パーキンス 著

四六並製／定価 2200 円（税込）■ 312 頁

ISBN978-4-86064-372-0 C2082

朝「私は早起きです」という表現から夜「すぐ眠りに落ちる」まで、身のまわりのさまざまな行動、遭遇する状況、頭の中を駆け巡る思いや考えを、シンプルで短い英語表現にして紹介していく。英語の上達に必要なのは日常的に英語に触れること。毎日聴いて、つぶやいてみることは、ネイティブと話す機会のない学習者が、ひとりで簡単に、すぐに実践できる効果的な学習法。細やかで豊富なバリエーションを収録してあるので、文の形や語彙、フレーズもたくさん身につけていける。

[音声 DL 付] 一日の会話のすべてを英語にしてみる

曽根田憲三／上原寿和子 著

四六並製／定価 2200 円（税込）■ 368 頁

ISBN978-4-86064-601-1 C2082

起きてから寝るまでの一日に交わす会話を全部英語にして紹介します。「まだ寝てるの?」「もうちょっと」、「明日忙しい?」「午後なら大丈夫」、「今日はいい天気だね」「久しぶりじゃない?」というように日常会話でよくあるやりとりがたくさん集めてあります。会話形式なので、話しかけ表現にあいづち表現、質問表現に返しの表現、とセットで覚えることができます。また、決まり表現やイディオムが頻出するため表現の幅も広がります。ダウンロード音声には本書にある会話表現のすべてを収録。ネイティブの自然な英語を聞くことで、正しい発音が身につき、暗唱トレーニングにも活用できます。

[音声 DL 付]〈50 音順〉一日の会話で使う動詞のすべてを英語にしてみる

曽根田憲三 著

四六並製／定価 2200 円（税込）■ 464 頁

ISBN978-4-86064-663-9 C2082

人、モノ、場所を表わす名詞は大切ですが、意思の疎通を図るためには、どうするのか、どう思っているの、どうなっているのかを伝えるための「動詞」が必要です。本書では、日常会話の中で頻繁に使われている、基本的な日本語の動詞を 50 音順に並べ、会話でよく使われる表現と一緒に紹介します。「会う」で see と meet の違いがわかり、「合う」で「似合う」は suit、サイズが「合う」は fit など、違いと使い分けを理解しながら覚えていくことができます。